中学生的
心理电影课

郝晓琳◎著

图书在版编目（CIP）数据

中学生的心理电影课/郝晓琳著．—福州：福建教育出版社，2024.5
ISBN 978-7-5334-9958-7

Ⅰ.①中… Ⅱ.①郝… Ⅲ.①中学生－心理健康－健康教育 Ⅳ.①G444

中国国家版本馆 CIP 数据核字（2024）第 089918 号

Zhongxuesheng De Xinli Dianying Ke

中学生的心理电影课

郝晓琳　著

出版发行	福建教育出版社
	（福州市梦山路 27 号　邮编：350025　网址：www.fep.com.cn
	编辑部电话：0591-83779615　83726908
	发行部电话：0591-83721876　87115073　010-62024258）
出 版 人	江金辉
印　　刷	福建省金盾彩色印刷有限公司
	（福州市仓山区红江路 8 号浦上工业园 D 区 24 号楼　邮编：350008）
开　　本	710 毫米×1000 毫米　1/16
印　　张	12.75
字　　数	188 千字
插　　页	1
版　　次	2024 年 5 月第 1 版　2024 年 5 月第 1 次印刷
书　　号	ISBN 978-7-5334-9958-7
定　　价	37.00 元

如发现本书印装质量问题，请向本社出版科（电话：0591-83726019）调换。

序 1

这本书，是一场灵魂的劫后欢舞

王 君

一

如果非要在"语文湿地"里选一位大姐大，毫无疑问，我，我们，都会在第一时间，把票投给晓琳姐——就是这本书的作者郝晓琳老师。

当然不是因为她年龄稍长我们一点点。也不是因为她是语文湿地核心管理层的领导者。也不是因为她是最有勇气和魄力的一个，在一众兄弟姐妹中，最敢直面各种管理问题，直接"教训"语文湿地总教头——尹东，我先生的。也不是因为她是众姐妹中审美最好，学习力最强大的。甚至也不是她确实像个姐姐，总把大家都装在心里，最会疼爱我们的。

……

那是什么原因呢？

那是因为：晓琳姐身上有一种力量——一种大部分时候都安安静静，但静水深流的力量。她无言，但是，她在。在每一个重要的时刻，你就会想起她，第一时间想求教于她，求助于她。她就像我们的定海神针，静观众生，关键时刻，无言点化。

二

这本书，就是只有晓琳姐这样的人，才可能写就的传奇。

这本书创造了一个新的名词——电影心理疗愈。

要完成这么一部书稿，起码需要具备以下的能力：

第一，要拥有教育的疗愈意识。

对，请注意，不是教育的教育意识——这个人人都有，似乎天经地义。但教育的疗愈意识，绝不是人人都具备的。教育人，可能是高高在上的，板着面孔的，冷冰冰的，生硬直接的，强行要求改变……但疗愈不是。疗愈是含蓄的，是温软的，是微笑着的，是曲径通幽的，是像一滴水一样，慢慢渗透的，是不把改变作为目标的。

疗愈，是青春语文的核心理念之一。

很显然，晓琳姐深谙"疗愈"的特质。

第二，要对语文教学和心理学，都有比较系统且深入的研究。

电影心理课，落脚在心理，路径是语文，凭借是电影。以心理学的视角来解读电影，用语文课的手段来呈现，是这十二堂课的特点。所以，这部书，既是一部心理学专著，又是一部语文教学专著。心理学家未必有清晰的语文知识体系和能力体系，而语文教师未必对心理学领域有系统的了解。但晓琳姐，就这样神奇地都同时拥有了。

我一直在研究"青春语文意义疗法"。对此，我的阐述是：把语文教学变为语文教育，把语文和现代心理学、哲学等更多的和心灵有关的科学结合起来，让经典文本焕发青春活力，拥有疗愈功能。让语文课，不仅提升学生的语文素养，更能提升他们的心灵素养。让语文教学，巧妙地为学生拥有幸福的人生赋能，实现新课标立德树人的终极目标。

显然，晓琳姐，是青春语文意义疗法的最前卫的实践者。

第三，要懂电影。

随着时代的发展，电影重新成为大众的重要娱乐方式和学习方式。电影世界，是人类的另外一个精神世界。这是一个取之不尽用之不竭的思想宝库和艺术宝库。从语文教学来看，电影，是当下时代的一种"新文本"。有创新敏感的语文老师，必将在这种"文本"的沉潜深泳中激流勇进。

而晓琳姐，就是这样一个既有前瞻意识又有行动力的人。

语文、心理、电影，三个因素结合，就是古典和潮流的结合，就是教育和艺术的结合，就是新课标中的"跨学科"，更是对语文教育"立德树人"终极目标实现路径的创新探索。

经由这本书，晓琳姐为语文教育，为德育，开出了一条新路。

三

能出版这样一部著作的人，肯定是一个无比丰富的人，肯定是一个经历了真正的心灵成长的人。

是的！确实是！我想给你讲个故事。

2023年8月1日，语文湿地第六届年会，在北京稻香湖学校隆重召开。稻香湖年会的文娱晚会，更是这华彩大片中的最精彩高潮。每一个节目都让我爱，每一个兄弟姐妹都让我敬。而其中最带给我启发的，让我觉得最酷的，就是晓琳姐的古装独舞。

晓琳姐学过舞蹈吗？当然没有！晓琳姐是真的完全不会跳舞啊！但让我感动振奋的，恰恰就是这些"没有"——不会舞而敢舞，从不曾舞而欢舞。

吴凤云老师要打太极，觉得舞台有点儿单调，晓琳姐立马挺身而出：我来跳，陪你舞。我当时吓了一跳。晓琳姐确实是语文湿地的大姐大之一，她爽快利落，学习力超强，审美一流，创造力一流。但是，要跳独舞，这……这……这……无论如何，我还是觉得很难想象啊！

但我们的晓琳姐，真的就舞了。璀璨的舞台中，凤云一袭白衣，在前台舞太极，那是真专业。而晓琳姐，一袭古装红衣，在后台独舞，实话实说，她当然——很不专业。但，晓琳姐的舞，跟凤云的太极一样，都让我看得热泪盈眶。

我懂的，这一舞，于晓琳姐，于我们，都意义非凡。

节目开启之前，后台人来人往熙熙攘攘，我看见晓琳姐一个人在认真准备。她着宽袍长裙，红得灼灼耀眼，她在大厅里舒展长袖，肆意练习。人群来来往往，窥视络绎不绝，但她，视若不见。

后来上台。稻香湖的舞台高端大气上档次，晚会大屏背景绚烂耀眼，台下几百双眼睛聚焦凝视，但这些，都压不住晓琳姐的光彩。是的，让我惊艳的，不仅仅是晓琳姐的舞蹈本身，更是她的那种旁若无人的状态，自我享受的状态，那种深深信仰，外面哪有别人，只有自己的状态。她兀自起舞，兀自不合节拍，兀自随意，兀自自然，兀自激情……

这样起舞的晓琳姐，如果用跳得"好与不好"去评价她，实在太低端了。她根本不在传统舞蹈的评价体系之中。

我只觉得：她跳得真好，她跳得我的热血，也在澎湃；跳得我的心，也怦怦直跳起来了！这才是舞蹈本该拥有的样子，这才是舞蹈真正的意义：我可以掌控我的身体，我的气息就是我的气场。在属于自我的每一个当下，我享受我的深度参与，全情投入。外面没有别人，更没有观众。所以，不用跳给她人看，也不需要别人的评价。

我的生活，就是我的舞台，我当盛装出席。舞之蹈之，就是自我解放，自我释放，就是自恋自爱，就是回应生命深处的热情与渴望，就是回应来自远方的，关于身心自由和天人合一的召唤。

不曾起舞的人生，不值得过。所以，我为自己舞蹈，我为自己，华丽绽放。

我看晓琳姐起舞，突然就明白了一个道理：有人说，我若开花，蝴蝶自来。这当然是好境界！但晓琳姐的境界更美更高。她的"舞语"是：我自开花吧！至于蝴蝶，爱来不来，干我何事？我想：在许多艰难的时刻，如果要送一份礼物给自己，那就是晓琳姐的稻香湖一舞了！是的，在属于自己的舞台上，继续勇敢地，酣畅地，心无旁骛地，痛痛快快地，起舞！

这本书，也是晓琳姐的起舞。

晓琳姐是一个有故事的人。也许，你在读她的这些电影心理课中，你会隐隐感觉到她走过的路，她承受的苦，她跨越的坎儿。

她曾经是一个病人：身体和心灵，都面临崩溃。她因此而不能再教语文了。于是，她退居"二线"，成为了在一所普通的中学里，相对压力较小的心理教师。而她居然成为了最好的心理教师，而且，经由心理学科，成为了语文教师中的独一无二者。她现在又回到了语文教学的讲台上。但我知道，现在的晓琳老师，已经不再是当初的晓琳老师了。

  我不能在这篇序言中絮絮叨叨她的故事，是因为我觉得自己也不配——是的，我还没有经历过生死，我还不足以和她谈人生。

  这本书，也是她的自我探索，自我拯救，自我疗愈。她希望，让更多的人，特别是更多的孩子，也拥有这份"探索拯救疗愈"的觉悟和智慧。

  每一个人的语文探索之路，都是自我疗愈之路。晓琳姐证明了。语文教学之路，更是每一个人的自我确证之路。晓琳姐更证明了。

  来吧，亲爱的朋友，请深深地走进这本书中，看一颗灵魂的重新生长，看一个生命的劫后欢舞。然后，让我们也如晓琳姐，在属于自己的舞台上，拥有起舞的力量。

  我还希望：晓琳姐再往前走一步！稻香湖之舞，她是凤云老师的配角。那么，未来一定还要再舞，不再是谁的配角，而只是，自己的主角。

  以此贺晓琳老师新书出版。

王　君

2024年1月15日于南粤松山湖畔

（王君：清华大学附属中学语文特级教师，王君青春语文名师工作室主持人，作者闺蜜）

序 2

心　灯

司艳平

　　我与晓琳姐相识相知已经十多年，从 2007 年教育在线的携手同行到语文湿地的一路欢歌，不知不觉，彼此成为各自生命的参与者、观照者，精神至亲。

　　很久以前，读毕淑敏的《芒果女人》，读到"芒果皮是黄的，瓤也是黄的"时，我第一个涌上心间的便是晓琳姐，在我看来，她就是表里如一，说法与活法完全一致的芒果女人。她是一个有着强大的爱能力的女子，她予人之爱，少关切，多提点；少感性，多理性；少周到，多睿智。当你在人生路上踽踽独行、困顿迷惘之时，如此语冷心热的爱该是你成长的必需品与营养品。

　　我有幸惠泽如此之爱。十多年前的我，是一只渴望朝外飞翔的丑小鸭，而晓琳姐则成为助我飞翔的坚实臂膀。晓琳姐生在烟台，长在烟台，工作在烟台。沿海城市的开放、灵活、圆融、悦纳让她看问题高屋建瓴，通透清晰。那时的我习惯写小情小调，小思小想，晓琳姐提醒我要把笔触放在学生身上。我按照晓琳姐的提醒一一执行，写教育随笔，写师生故事，将每日的教育生活及时记录。晓琳姐又应时提醒："妹妹，你的理论素养欠缺些，缺少理论支撑，再多读些教育理论的书籍吧！"于是，在她的帮助下，我学会了网上购书，买来了一大堆的教育理论书籍，吴非、李镇西、魏书生、王崧舟、郑杰、管建刚等名家著作进入我的视线。不得不说，是晓琳姐给了我打开教育名家的金钥匙，让我在教育书海里尽情遨游，并博采众长。

　　直到现在，重大场合公开课的设计以及 PPT 的制作，她都是我最后定稿的把关人之一。去年岁末我到温岭三中讲李清照群诗阅读课——《明朗清亮李清照》，从每一次设计的推翻、重建到PPT的细化、美化，晓琳姐逐一琢磨，提出意见，如此智慧之爱，我时时处处盛享着，受用着。

晓琳姐不光对我施以理性成长之爱，对语文湿地的其他姐妹亦是如此，对运维组的那些后辈们，她也总是尽心竭力去提擎，去帮助，去唤醒，不知不觉，活成了他人心中的一盏灯。作为语文人，她对语文也有着近乎痴迷的爱，追求完美的她更要追求课堂完美。她的课堂以美著称，美文、美图、美设计，每一处都透露着美的享受。她要教学生写托物抒情的美文，便把她平日拍的美照，写的美文美美地呈现给学生，激发学生兴趣，孩子们自然而然写出与她一样的美文美字。多方调动生活体验，将生活的味道植入课堂，是晓琳姐语文课的一大特色。因此，她教出的学生，有大语文观，大作文观，学生的文字接地气，生活化。将生活植入课堂，将审美引入语文，晓琳姐定然是那个有着极高审美能力的语文老师。

让我没想到的是钟爱语文课堂的晓琳姐，痴迷上了心理学领域。有着超强爱能力的她，以一种饱满、充盈、盛开的姿态开出一朵一朵娇艳的心理之花。她的教学生涯，如鲜花一般美丽绽放。当我看到她的那一堂堂电影心理课时，敬意油然而生。晓琳姐的修行之路越走越辽远，越走越笃定，与其说是她带领孩子们在疗愈情绪，完善性格，鉴定成长，不如说她也是在疗愈自我，成长自我，超越自我。

对于我们这些单一的语文人来说，晓琳姐仿佛又是一种别具一格的智慧所在。因为广为涉猎，她能帮我们打开语文课的格局，将语文课的疗愈功能与语文本身相互结合；因为研究心理，她能更切察孩子们的悲欢，更把孩子视作独立自主的人，而不把孩子视作贴有任何标签的附属品。这或许是她开设心理电影课的初心吧！

一个人是一座孤岛，一个人又不是一座孤岛。生而为人，终其一生是在处理自己与自己的关系，自己与他人的关系。面对自我向内而求，面对他人向外而得，无论哪种方式，都是教我们如何与这个世界握手言和。晓琳姐的这本书很好地诠释这个道理，这本书分为两个部分，第一部分是我与自我的关系，第二部分是我与他人的关系。

观《别惹蚂蚁》，晓琳老师会告诉你如何适应新的环境，是什么让改变发生，卢卡斯从之前的胆小懦弱到后来的自信阳光，其间路径晓琳老师会带你领悟；观《头脑特工队》，晓琳老师会与你一起细分情绪的种类，让你学会认识情绪、接纳情绪，进而管理情绪，帮你找到合理宣泄情绪的出口，远离冲动与激动；观《叫我第一名》，晓琳老师会告诉你正面表达有多么重要，我们正面表达出自己的想法和希望，就有了接纳自己的勇气，也能取得他人的理解，互相尊重由此而来；观《疯狂动物城》，晓琳老师会告诉你朱迪的成长之路，就是一切皆有可能，敢于尝试，勇于突破，善于挑战，即使是弱小的朱迪也会成长为能量巨大的警官。

这些精挑细选的心理电影课，以心理为依托，以电影为载体，将学生成长过程中遇到的心理问题进行逐一分解，落实到各个阶段，可谓用心良苦，单是从内容的选择上，便足以显见晓琳姐的师者仁心。生溺己溺，生饥己饥，如此换位思考，才让晓琳姐在面对一些问题孩子时充满心疼与怜惜。这样的心量，让这些心理电影课散发着光彩熠熠的人文关怀，这样的关怀，是教学之根，是育人之本。

每一堂心理电影课，晓琳姐都恰如其分地运用语文的思想、语文的方式、语文的思维。她的课环环相扣，循序渐进，在渐行渐深中让学生充分认识自我，反思自我，改进自我。她的课堂总是会设计非常得体适宜的话题或者主问题，让学生打开话匣子，畅所欲言。在上《叫我第一名》这个电影课时，她这样设置问题："假设你是布莱德的同学或者学生，请以'我有一个怪同学'或'我有一个怪老师'为话题，说出你想表达的内容"；在上《佐贺的超级阿嬷》时，她让学生说说"我是超级（填品质）的人，因为我能（填具体内容）"；在《疯狂原始人》里，晓琳姐在聊人物的环节里，如此设计："你对影片中哪个人物感兴趣？为什么？先看老师的人物解读，再谈你喜欢的人物。"当你读到这样的问题设置时，会不会怀疑自己是走进了语文课堂，或许，就是这样的跨界因子，让晓琳姐的心理电影课有了别具一格的魅力。

除此之外，她将思维导图、数据调查等前沿的理念与思想植入课堂，学生得到的不仅仅是心理的疏导，还有能力的提高。学会做人，学会做事，不但教学生如何安放自我，而且教学生如何管理自我。在晓琳姐的心理电影课里，我观到的是教师的卓越能力、辽远格局对学生高屋建瓴的启迪和影响。

晓琳姐的爱能力强大、睿智、专业，做一个懂爱之人、会爱之师，需要漫长的修行。我在晓琳姐身上，欣喜地看到修行自我，愉悦他人的成就感与获得感。生命的来路当如此，点燃心灯，烛照世界。

愿亲爱的晓琳姐一如既往，芒果下去，爱他人更爱自己。谨以此文为序，贺晓琳姐第一本著作付梓。

司艳平
2024年1月于东莞松山湖

（司艳平，广东省东莞市清澜山学校语文教师，广东教材出版中心培训专家，《语文教学通讯》封面人物，出版专著《司艳平青春语文课堂18例》《古诗文同质同人群文教学13例》）

自　序

　　王君老师说，"青春语文"的底座是生活，是整个语文教学系统中每个人的生命状态，"青春语文"的研究点、着力点在于打通教法和活法。这话给了我很大的启发。我常常想：可不可以开发出一个课程，既能满足学生学习语文的需要，又能让我和学生始终处于创造和享受整个人生的幸福状态？电影心理课程便这样诞生了。

　　那时，学生刚刚经历进入初中后的第一次期中考试。一部分学生考试失利，感觉学习困难重重，压力陡增，自信心严重受挫。基于这种情况，我为学生播放了电影《功夫熊猫》，想让他们从中找到自信的力量。观影时，学生兴奋异常，眼里流露着欣喜的光芒。观影后，我让大家写观后感，学生叫苦连天："早知道要写观后感，就不看电影了！"学生的抵触情绪引发了我的思考。这确实不是一节真正的电影课。真正的电影课应该有设计、有立意、有梯度、有沟通。于是，我查阅资料，想找到理想中的课堂形式，但最终一无所获。求助无门后，我开始自己动手设计。

　　我教学生画思维导图，让他们用导图来概述电影情节。学生一边画一边说，这种形式很新颖。大家用简洁美观的图画、简练动人的语句，讲述了功夫熊猫的故事。通过思维导图，学生看到熊猫成长的艰难以及追梦的执着。其次，我抛出两个问题供学生探讨研究——从"面条熊猫"到"功夫熊猫"，需要爬上几层台阶？熊猫打败敌人有什么秘诀？学生以小组合作的形式探究，以组为单位交流探讨结果。他们查阅资料，形成书面报告，制作课件，汇报本小组的研究成果。他们认为：熊猫需要爬上五级台阶——梦想、机会、努力、坚持、自信，才能成为功夫熊猫。他热爱功夫，有成为武功大师的梦想；他意外落入比武现场，被乌龟大师指认为龙武士，机会降临；他的资质很差，但很努力,同时能够坚持;他曾经有些自卑,但最终能找到自信。这些因素帮助熊猫走向成功。当学生们有条不紊地阐述自己的研究报告时,教室内掌声阵阵。这次电影课结束后,学生自信了许多,学习状态明显好转。有的学生还写下励志感言,张贴于书桌边,时时激励自己。

电影《头脑特工队》上映后,我和学生一起观看了这部影片。观影结束后,学生依然表示不想写观后感,并提出用分小组表演的形式替代,我同意了。学生先从女孩莱莉或者小人乐乐的角度来表演故事,在精彩的演绎中识别情绪,接着根据要求表演片段。冰棒的彩虹车被垃圾车收走了,扔到了垃圾场里,冰棒很伤心,学生表演出乐乐和忧忧安慰他的方式。乐乐掉进记忆垃圾场,当她怎么挣扎也走不出去时,看着周围即将被遗忘的记忆球,难过地哭起来。她把一颗蓝色的记忆球抱在怀里,轻轻摸着,球慢慢变成金色。她呆住了,若有所悟……学生将乐乐情绪的层次感以及情绪的转变表演得惟妙惟肖。在表演中,他们学会悦纳情绪。最后的表演是表达情绪,将自己的喜怒哀乐说出来。形式是先说出某个生活事件,再表达出这个事件带来的情绪反应。学生还原事件现场,表达出对父母、老师、朋友的情绪。学生纷纷表示,经过此番情景式学习,他们心中的愤怒指数降低,消极情绪减少,能较好地控制自身情绪。

两节电影课结束后,学生又激动又兴奋,强烈要求继续上电影课。我表示为难,并让学生帮我选择电影。我的示弱激发了学生的信心,他们欣然接下这个任务,按照我的要求找寻适合观看的电影。我转变思维模式,把选课的任务巧妙地转交给学生,无形中培养了他们的甄别能力和审美能力。他们先观看影片,写出观影报告,然后提交给小组讨论,各小组再把润色后的报告提交给全班进行研讨,最终评选出多部优秀影片。我们齐心协力,目前共开发了十二节电影心理课。课堂内容丰富饱满,主题清晰明确。电影课《别惹蚂蚁》关注校园霸凌问题,《叫我第一名》练习正面表达,《疯狂动物城》提升学生心理素质,《疯狂原始人》教学生学会与父母沟通,《天堂的孩子》让学生拥有良好的心理品质……课堂形式异彩纷呈,学生或说,或画,或演,或猜,或写,激发了积极探索的欲望,电影心理课成了他们最爱上的一门课。

电影心理课的开设，极大地满足了学生向外拓展的心理需求。他们在向外延伸的辽阔天地里拓宽眼界、向内自省，在生活与心灵的触碰里安放情绪、改善心态。这种向外而生、向内而求的共融共通，让心理电影课走进学生心灵。毫无疑问，电影心理课是一门塑造灵魂的课程，对解决当下学生面临的心理问题大有裨益。

郝晓琳

2024 年 1 月

目 录

相信"相信"的力量
　　——《功夫熊猫》课堂实录 …………………… 1

不要压抑自己的情绪
　　——《头脑特工队》课堂实录 ………………… 16

孩子，你终会长大
　　——《别惹蚂蚁》课堂实录 …………………… 32

笑对人生需要多少勇气
　　——《叫我第一名》课堂实录 ………………… 47

消除偏见，让不可能成为可能
　　——《疯狂动物城》课堂实录 ………………… 62

心念一转，生命从此不同
　　——《佐贺的超级阿嬷》课堂实录 …………… 77

心怀希望，就永远有希望
　　——《肖申克的救赎》课堂实录 ……………… 96

学垫底辣妹，做人生规划
　　——《垫底辣妹》课堂实录 …………………… 109

别忘了说爱，孩子
　　——《疯狂原始人》课堂实录 ················· 123
成长的烦恼，你可知道?
　　——《小孩不笨2》课堂实录 ················· 139
看清友谊背后的真相
　　——《穿靴子的猫》课堂实录 ················· 154
物质贫穷　心灵富有
　　——《天堂的孩子》课堂实录 ················· 170
后记 ······························ 184

相信"相信"的力量

——《功夫熊猫》课堂实录

【电影简介】

《功夫熊猫》是一部以中国功夫为主题的美国动作喜剧电影。影片以古代中国为背景,其布景、服装以至食物均充满中国元素。故事讲述了一只笨拙的熊猫肥波立志成为武林高手的故事。肥波在武林大会中被乌龟大师看中,成为和平谷的代表,将与太郎一决生死。小浣熊师傅一开始并不看好这个又胖又笨拙的徒弟,后来他使用特别的教学方式,在短时间内让肥波变成了武功高手。最终肥波以自己对武功的悟性和师傅传授的武术战胜了太郎,拯救了山谷,为山谷带来了和平。

【观影背景】

刚上初一的学生处于小升初的适应期,不论是学生还是家长,此时都充满了迷茫,又抱有期待,这尤其体现在学习上。经过升入初中后的第一次考试,一部分学生会感到困惑、失去方向,这时候给予适当的引导尤为重要。《功夫熊猫》这部影片就非常适合用来引导学生认识自我。

【观影目标】

1. 认识自我,正确看待自己的长处和短处。
2. 相信自己,时时处处给自己"赋能"。

【电影课堂】

一、导图概述故事

1. 画思维导图

师：可以选取电影中的一个角度，比如主题、人物、情节等，也可以把这些综合起来画导图。

（生画图）

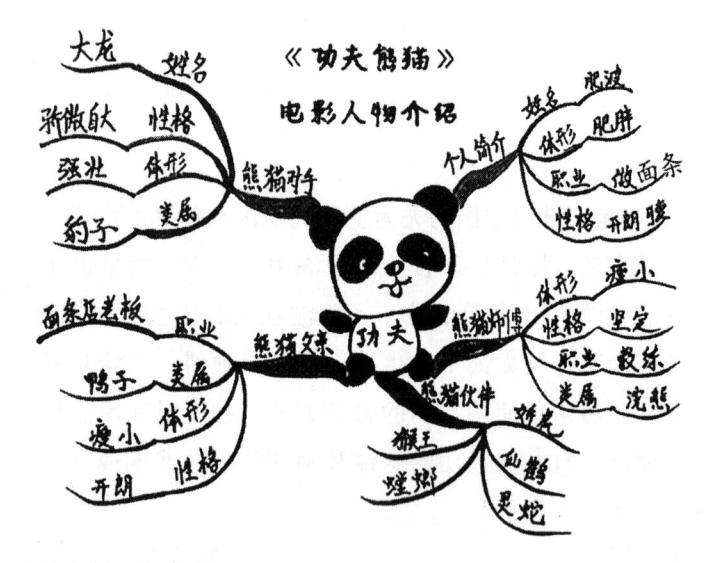

2. 根据导图概述故事

生：一只熊猫从平民当上神龙大侠，一路坎坷；一只熊猫在经过无数努力之后，终于当上了龙武士；一只跟着父亲做面条的熊猫经过艰难的学习，最终成长为武功高手。

二、交流碰撞思想

1. 破译功夫熊猫的成长密码

师：请用一个词或一句话形容熊猫肥波最初的状态。

生：贪吃、肥胖、跟着父亲做面条、自卑、梦想成为功夫大师……

师：请用一个词形容成为武林高手后熊猫肥波的状态。

生：灵活、聪明、努力、上进、自信、勇敢……

师：从"面条熊猫"到"功夫熊猫"，你认为肥波需要爬上几级台阶？生讨论如下——

第一级台阶：梦想。肥波热爱功夫，有成为武功大师的梦想，这是成功的前提。

第二级台阶：机会。肥波意外地掉进比武现场，被乌龟大师指认为龙武士，才有了成为武功大师的机会。机会总是留给有准备的人。肥波熟知五大功夫高手的武功，可见他之前是下过一番功夫来研究的。

第三级台阶：努力。肥波的资质很差，比起五大高手不知落后多少。但他勤加练习，日夜苦练，不怕丢脸。

第四级台阶：坚持。光有一时的努力是不够的，还要有坚忍不拔的意志。与大家站在同一起跑线上时，坚持下去还是比较容易的，难得的是比大家落后很多，还能坚持下去。而肥波做到了。能在困境中咬紧牙关不放弃，就离成功不远了。

第五级台阶：自信。因为熊猫的体形不太适合练武功，所以肥波有些自卑。但在师傅的鼓励和师兄弟们的帮助下，他慢慢地有了自信。尤其是父亲对他说，面条的家传秘方汤料里根本就什么也没有加的时候，他突然明白世上没有捷径可走，一切都要靠自己，要相信自己。

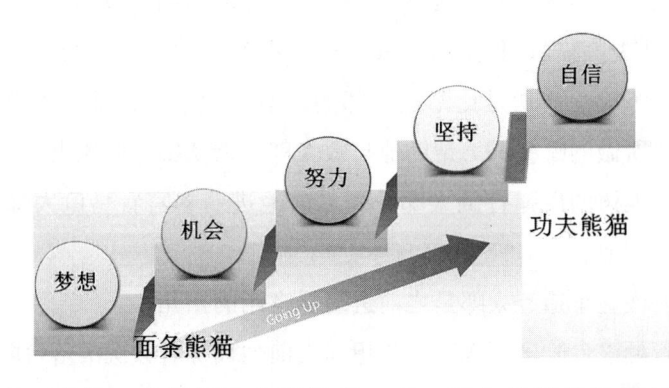

师：关于坚持，老师想为大家补充一点。世上最简单的事是坚持，最难的也是坚持。尤其是当你面对困难的时候，只靠自己的力量坚持下去，常常会有一种无力感，容易产生焦虑情绪。一个比较好的应对方法是建立自己的社会支持系统，也就是建立"支持圈"。科学研究发现：社会支持与个人遇到

较大压力（或应激事件）时的身体状况有紧密联系。良好的社会支持系统可以帮助我们缓解不良情绪，从而提高身心健康指数。

小练习

构建"支持圈"

"支持圈"的构建和运用应注意的事项——

人数不可太多。维护数十人的庞大队伍是我们力不能及的。成员类型要多样化，有学习上、生活上或情感上的朋友。

注意根据不同时段、不同情景、不同状况选择不同的求助对象。

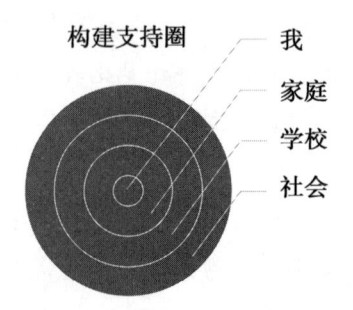

构建支持圈 —— 我 / 家庭 / 学校 / 社会

2. 破译功夫熊猫打败太郎的密码

师：有人说"你现在的气质里，藏着你走过的路、读过的书和爱过的人"；看了《功夫熊猫》，我要说，你的成功里藏着你曾经的付出。按照常理，熊猫短时间内练成的武功是比不过太郎的，但是他最后战胜了太郎。他是怎样做到的？他所做的哪些努力帮助他打败太郎？请从影片中找出来。

生：利用大树的反弹打倒太郎，和之前他进翡翠宫看乌龟大师选龙武士时爬树的情节相似。

生：乘着鞭炮车追赶太郎是之前进翡翠宫用的招儿。

生：借着翻滚台阶坐压太郎让我想起之前他训练时数次滚落台阶的情景。

生：抢卷轴时所用的武功和之前跟师傅抢包子的功夫一样。

师：大家看得很仔细。总之，在和太郎的打斗中，所有的功夫都是曾经努力练习过的。世上从来都没有不劳而获的成功，也没有白吃的苦。所以，请相信你的付出一定会有回报。

3. 看熊猫苦练基本功

师：我们来欣赏师徒抢包子的片段，通过画外音形式，感受熊猫勤学苦练的精神。

生：熊猫用筷子夹起一个包子，刚要放进嘴里，师傅拿着一双筷子从他旁边飞快地闪过，包子进了师傅嘴里。第二轮争抢开始了。师傅看着他说："你可以尽情享用。"这次熊猫飞快地夹住了包子，唰的一声，师傅又抢走了包子。"我可以！""对，你可以！"师傅平静地望着他。熊猫流露出愤怒的眼神，师傅嘴巴一撇，笑了一声。这进一步惹怒了熊猫。他再次伸手去夹包子。这次师傅并没有等他夹起来再和他抢，而是转了几下筷子，让碗飞速地转了起来。熊猫看得眼花缭乱，脑袋都在晃。师傅把碗推来推去，熊猫把碗反扣在桌上，把包子踢到了树上，两人争先恐后，你踢我挡，你夹我敲，包子飞上飞下。当包子终于要落入熊猫的嘴里时，师傅用筷子支住了熊猫的脑袋……

生：肥波拿起筷子，夹起一个包子，却被师傅一把抢走。师傅得意扬扬地笑着，迅速吞下包子，肥波目瞪口呆。后来，师傅踢了一下桌子，碗里的包子飞上了天。师傅凌空跃起，迅速把多个包子吞进肚里，最后一个又落回碗里。肥波赶紧拿起筷子就夹，却被师傅的无影手截下。肥波满脸怒气，跑上前与师傅争抢，师傅却把包子叉到了树上。师傅灵巧地跃起，却被肥波夹住了腿，两人又一次陷入打斗中。包子落下来，肥波拉开师傅，追着包子迅速地跑，师傅则抓起棍子追赶肥波。肥波跃起，比师傅抢先一步夹到包子，露出得意的笑。

生：熊猫刚要吃包子，师傅一把抢过来吃了。熊猫再次夹包子，又被师傅抢走了。熊猫满脸怒气，师傅得意扬扬。熊猫一拍桌子，包子飞上了天，师傅以迅雷不及掩耳之势吃掉包子，只剩一个落回碗里。熊猫一跃而起，抢这最后的包子。包子被师傅抢了过去，又被熊猫打落到碗里。俩人用筷子在碗里你抢我夺。突然，碗反扣了过去，师傅就势转动几个碗。熊猫看得眼花缭乱，恼怒地翻开一只，露出包子。师傅把包子扔到了天上，熊猫再次和师傅争抢。熊猫满脸扭曲，冲向了包子，他终于抢到了！

三、感言增添力量

师：我们都被熊猫勤学苦练的精神感染了。一人一句，说说你的励志感言吧！

生：坚持梦想，永恒不变。

生：坚持不懈、永不放弃地学习。

生：学会坚持，拥有自信。

生：毅力是做好一件事情的重要基础。

生：永不言败。

生：努力成就辉煌，拼搏创造未来。

生：决不轻易向困难低头，决不轻易说"放弃"。

生：只要努力，就会有回报和收获。

生：成功永远属于那些有准备的人。

生：只要功夫足够深，做什么都能成。

生：世上没有什么是不可能的。

师：我也被同学们的感言所激励。我相信，现在的你们必定斗志昂扬；未来的你们将扬帆远航。"我相信——"请同学们接下去。

生：我相信每个人在实现理想的过程中都要走过一条长长的路。这条路上隐藏着一个个破坏梦想的敌人，只要打败这些敌人，梦想就会实现。

生：我相信，有自信才会去奋斗，有奋斗才能成功。

生：我相信有梦想才有精彩的人生。我相信付出了汗水，勤于思考，就能成功。

生：我相信自己是独一无二的。

生：我相信只要每天努力，成功就在眼前。

生：我相信只要坚持梦想，坚持积累，梦想就在身边。

生：我相信只要对自己有信心，世上就没有能难住我们的事情。

生：我相信成长是靠勤奋和努力获得的。

生：我相信我一定能考上大学。

生：我相信只要付出努力，就能收获成功的喜悦。

生：我相信成功永远属于那些踏踏实实付出的人。

生：我相信我的画家梦一定会实现。

【学生观感】

李泽文：面条？功夫？面条熊猫？功夫熊猫？毫不相关的东西最终紧密地联系到了一起。看不到自己脚尖、笨手笨脚的熊猫竟然成了龙武士，打败了武功高强的太郎。难怪太郎在被打败前说："怎么可能，你只是一只肥头大腚的熊猫。"这句话让我当场"笑喷"。可作为龙武士的熊猫回道："我是肥头大腚的熊猫，可我是独一无二的肥头大腚的熊猫。"这话很振奋人心。是啊，谁不是独一无二的呢？我们都有可能打败强大的对手，但要付出足够的努力。熊猫和师傅开始练习功夫时，被师傅打得落花流水，可他没有放弃。他继续努力，终于在和师傅抢包子的"大战"中抢到了包子。"真正的龙武士永不言弃"，这是《功夫熊猫》里出现得最多的一句话。即使被师傅打得狼狈不堪，熊猫依然咬牙坚持。他也不是没有退缩过，在得知太郎要来的时候，他立马往山下跑，还好师傅及时留下了他。最后，他和师傅一起苦练功夫，终于打败了太郎。我真应当向这只为了梦想而不断努力的熊猫学习。

田佳乐：《功夫熊猫》主要讲述了熊猫肥波从"面条熊猫"变成"功夫熊猫"的艰难历程。肥波有一个做武士的梦想，并一直朝着梦想努力。尽管一开始受到小伙伴们的嘲笑，受到师傅的打击，但他没有放弃，而是通过自己的努力打败了太郎，换来了小镇的安宁，最后成了功夫大师。

在电影中，我最喜欢的是熊猫肥波。他不像太郎那样，练武功只是为了成为龙武士，而是有着一颗热爱功夫的心。因此，他能够明白卷轴上的密语，并用艰辛与汗水换取了成功。他用自己的努力，使看起来不能实现的梦想变为现实。

熊猫那颗热爱功夫的心，就像一团燃烧的火焰，使人热血沸腾。他在陷入迷茫的时候没有放弃希望，而是把希望化为一团炽热的火焰，照亮前行的路。有一些人，他们会因为同伴的嘲笑、别人的打击而不敢面对明天；但熊猫永不言弃，他敢于对明天说"你好"，一直相信自己。他也曾失望过、逃避过，但只要想到誓言，他就会对自己说："对，我不能输。"他为了儿时的梦想，为了永不言弃的心，一直努力奔跑着。现实可能不尽如人意，但我们要有一颗相信自己的心，相信梦想一定会成为现实。

丛翊恒：《功夫熊猫》这部影片讲的是一只名叫肥波的大熊猫，在一次意外事件中被乌龟大师选中，由浣熊师傅训练成为龙武士的故事。从跳跃都费劲到战无不胜，从下楼梯都是滚下来到身手敏捷、身怀绝技，肥波经历了重重艰难险阻，克服了朋友、师傅的偏见带来的不良影响，实现了逆袭。他抱着不放弃的心态练武，最终拯救了小镇。这部影片中，我最喜欢的角色就是熊猫肥波。他阳光向上、积极求学、自信无畏，面对困难不轻易言败。

《功夫熊猫》这部影片告诉我，在成功的路上没有捷径可走，只有靠自己努力奋斗。一分耕耘，一分收获，成功永远属于有准备的人。

【教者说课】

相信"相信"的力量

一

《功夫熊猫》讲述了一个关于"相信"的故事。

师傅相信徒弟。

徒弟相信师傅。

徒弟相信自己。

二

我是一个教育工作者，这一职业常常让我在观影过程中把师生角色代入其中。我想，如果熊猫是我的学生，我愿意相信他吗？我会相信这只蠢笨的、一脸贪吃相的熊猫会是个好学生吗？

我是不相信的。每个教师心中都有一个"好学生"的标准。或许我们之中的不少人都是固执的师傅，都只想看到自己希望看到的样子，而不愿意看到学生本真的样子。

浣熊师傅就是按照自己心目中的样子来找神龙大侠的，所以他不相信熊猫是那块料。于是就有了他和乌龟大师的精彩对话——

乌龟大师：是的，看着这棵树，我无法强迫它开花取悦我，时机未到，我也不能让它结果。

浣熊师傅：但有些事情我们可以控制，我可以控制果实何时坠落，我还可以控制在何处播种，那可不是幻觉，大师。

乌龟大师：是啊，不过无论你做了什么，那个种子还是会长成桃树。你可能想要苹果或橘子，可你只能得到桃子。那个种子还是会长成桃树。

浣熊师傅：可桃子不能打败太郎。

乌龟大师：也许它可以的，如果你愿意引导它、滋养它、相信它。

浣熊师傅：那我该如何做？

乌龟大师：你只要愿意对他谆谆教导、悉心培养、心存信念。你只需要相信！你必须相信！

相信的力量真神奇！

浣熊师傅愿意相信熊猫，相信自己可以改变他，相信可以让熊猫成为龙武士。因为相信，便有了关注的目光；有了关注的目光，就有了一些发现；有了发现，便有了后来的因材施教；有了因材施教，就有了一个功夫熊猫。

三

其实，人们很早就发现了信任的神奇力量，并称之为"皮格马利翁效应"，也叫"罗森塔尔效应"或"期待效应"。这是由美国心理学家罗森塔尔和雅各布森在小学教学上予以验证并提出的。期待者可以通过一种强烈的心理暗示，使被期待者的行为达到预期要求。

由于信任，浣熊师傅成功了。

浣熊师傅说："我要你相信师傅，就像我开始相信你一样。"

熊猫说："我留下是因为我知道，要是还有人能改变我，可以让我超越自我，那个人就是你——全中国最了不起的功夫师傅。"

因为相互信任，所以愿意为对方改变，而改变使奇迹发生。这或许是教育的真谛。我们也要学会用各种各样的"包子"去引导、滋养学生们。

四

信任、赞美和期待具有一种能量，能改变人的行为。当一个人获得另一个人的信任、赞美时，他便感觉获得了支持，从而增强了自我价值感，变得自信，拥有一种积极向上的动力，并会努力达到对方的期待，以免对方失望，从而维持这种支持。这是皮格马利翁效应给我们的启示。

可是，如果一个人把自尊自信建立在他人信任、赞美的基础上，他只会活得越来越累。带着一颗怕辜负别人期待的心去努力，必然会消耗过多能量，而成功也会遥不可及。像熊猫这样笨笨的学生，光是相信师傅是不够的。

父亲告诉他，家里其实并没有家传秘方，只有普通的面汤。想让一件东西变得特别，你只要相信那是特别的，这就够了。当熊猫在卷轴中只看到了自己的影子时，他终于悟出：人，首先应当相信自己。"我是肥头大腔的熊猫，可我是独一无二的肥头大腔的熊猫。"当熊猫充满豪气地对太郎说出这句话时，他便是真正的龙武士了。

认识自己，接纳自己，相信自己。不需要他人认可的自信，才是真正的自信。

【影课评点】

观一堂课，识一个人
林大琼

心理学家马斯洛认为，人的一切行为都是由需要引起的，而需要是分层次的：底层的是生理需要，中层的是安全需要、情感和归属需要、尊重需要（包括他人的尊重和自尊），最高层的是自我实现的需要（发展自己或实现个人信念、理想的需要）。它们呈阶梯状依次递进，自我实现这一需求是最难满足的。

对于学生来说，自我实现有两种渠道：一是获得自身的认可、鼓舞（显然，刚升入初中的学生，价值观的建构还未趋于成熟，做到自我认同比较困难）；二是取得教师的认可、受到教师的鼓舞。这需要教师花费大量时间和精力来创设情境，打消学生的顾虑，使其全身心投入课堂，形成完整的自尊体系，实现自我。

刚进入初中的学生有一个小升初的适应期。他们有尽快适应新环境的安全需要，有对新教师和新同学的情感需要，有对新班级的归属需要，更有自尊的需要。郝老师关注到初一新生的身心发展需求。她凭借多年的心理辅导经验和敏锐的观察力，察觉到初中升学后的第一次检测给学生带来的迷茫，并在恰当的时间点上，给予学生适当的引导。

郝老师借助《功夫熊猫》这部影片来引导学生认识自我，并努力完善自我。从教学目标的设定来看，该课有的放矢；从教学效果来看，该课收效极佳。

能收到如此成效，原因有三——

一、创设有温度的课堂情境

知识是有温度的，而真正属于学生的知识不仅有温度，而且有生命意义。获取这样的知识常常需要适合酝酿情感的学习情境。

郝老师没有选取常规说教形式，而是以观影的方式来创设情境，让枯燥乏味的说教变得有温度。学生置身电影中，"借他人酒杯，浇自己块垒"。电影素材激发了学生积极参与课堂的兴趣，巧妙地打消了学生的顾虑，给了学生时间和空间，又将心理疗愈的意识注入他们心里，实在是高妙！

二、提升心理疗愈的精度

《功夫熊猫》讲的是故事，因此首先要熟悉故事情节。郝老师在课堂环节设置上把"导图概述故事"（梳理故事情节）摆在了第一位，并且引导学生以思维导图的方式来理清、简化剧情；接着安排学生根据导图来概述故事，引导学生谈感受。该环节的安排极具匠心，既达到回归文本内容（熟悉文本）的目的，也为下一步"交流碰撞思想"环节分析人物形象作准备。

"交流碰撞思想"环节有三个部分：1. 破译功夫熊猫的成长密码；2. 破

11

译功夫熊猫打败太郎的密码；3. 看熊猫苦练基本功。三者环环相扣，将情感结构、价值观念、文化认同渗透其中。学生在传承文化的过程中提升了素养，实现自我认同。他们不仅受到情绪感染，通过感受影片背后的"生命故事"，与肥波产生情感共鸣，而且会有所体会和感悟，在讲述熊猫肥波的故事时产生一种代入感，在体会肥波的失败的同时接纳自己的暂时失败，在感受肥波的努力的同时完成自我救赎，唤醒内在的自我认同。

三、培养自我认同感

师生从电影中获得了满满的正能量。

学生李泽文对龙武士熊猫的一句台词"我是肥头大腔的熊猫，可我是独一无二的肥头大腔的熊猫"印象深刻，很有感触，发出"这话很振奋人心"的感慨。学生田佳乐提及，喜欢熊猫肥波是因为他不像太郎那样，练武功的目的是成为龙武士，而是怀着一颗热爱功夫的心。这让他明白了卷轴上的密语，并最终获得成功。

这两个学生通过观影和畅谈心得，意识到每个人都是独一无二的存在，我们不做第一，要做唯一。坚守初心、保有初心、捍卫初心，才是内心真实的呼喊。

郝老师通过观影，从浣熊师傅、乌龟大师的身上看到为师者给予学生信任、鼓励，相信"相信的力量"对学生成长的巨大影响。这不就是在唤醒学生对自身的认同吗？

美国教育家帕克·帕尔默在《教学勇气》里说，我们需要重拾教学的勇气，找回能改变我们工作和生活的信念，时不时提醒自己，内部世界的真实性可以给予我们影响客观外部世界的力量。帕尔默想告诉我们的是，我们需要唤醒内心的力量，记住我们是谁，让全部身心回归本位，恢复自身的完整。教师要在教育教学中有意识地引导和培养学生，使其拥有完整、独立的自我。

师生如果能读懂、想明白这一点，就可以开开心心地、全身心地参与教学。我们不是为了考试而存在，学习、工作、成长本身就是一件无比快乐的事情。我们可以在其中发现自己、发现学生……发现生命的一切奥秘与美妙。

这也是王君老师所追求的见自我、见天地、见众生的"青春语文"的宗旨所在：打通教法与活法，经由语言文字的学习，探索生命幸福之道。郝老师打通的是电影、语文和心理，为学生提供了心灵成长的新渠道。

（林大琼：四川省成都市新都区天元中学教师，新都区学科带头人、优秀青年教师，王君"青春语文"名师工作室成员）

【影课延伸】

认识自我是一个重要课题。《功夫熊猫》电影课帮助学生了解心理成长即确立自我的重要性，促进其认识自我、发展自我。下面的课例通过"找成语"及给自己写信的活动，引导学生对自我进行客观公正的评价，探寻个人的成长密码。

找个成语形容"我"

［活动目标］

1. 能用恰当的成语形容自己。
2. 建立积极的自我评价体系。

［活动准备］

准备成语词典、A4 纸、信纸。

［活动过程］

一、观影导入

学生观看电影《功夫熊猫》中熊猫肥波打开武功秘籍卷轴的片段，猜情节、谈感悟。

教师引导：能够正确认识自己的精神面貌，正确认识自己的过去和现在，正确认识自己的脾气、性格，是一件相当重要并且十分困难的事情。

二、"找成语"活动

1. 寻找成语

要求：利用成语词典，寻找五个成语，分别用来形容自己的长相、性格、优点、缺点和理想。

2. 分享成语

（1）展示描写外貌的成语：

朗目疏眉　肥头大耳　倾国倾城　相貌平平　亭亭玉立　沉鱼落雁
眉清目秀　慈眉善目　仪表堂堂　浓眉大眼　闭月羞花　唇红齿白

思考：面对以上这些成语，你有什么发现？对自己的外貌，你是接纳还是不接纳？

（2）展示描写性格的成语：

热情似火　尖酸刻薄　古灵精怪　喜怒无常　自信乐观　多愁善感
开朗大方　心直口快　活泼开朗　安分守己　外冷内热　优柔寡断

思考：从社会评价的角度来看，性格是有好坏之分的。人们总是把正直、诚实、勤劳等看成良好的性格特征，而把阴险、狡诈、怯懦等看成不良的性格特征。性格的形成有遗传的因素，但生活环境和教育方式是主要影响因素，因而性格是可以改变的。你是否认识到自己性格中有不良的一面？你准备如何修炼出好的性格？

（3）展示描写优点的成语：

善解人意　正直无私　诚实可靠　乐于助人　伶牙俐齿　脚踏实地
宽以待人　忠心耿耿　平易近人　吃苦耐劳　百折不挠　心胸宽阔

思考：你是否找到了自己的优点？如果没有，你将如何看到、挖掘、展现自己的优点？

（4）展示描写缺点的成语：

虎头蛇尾　狂妄自大　固执己见　眼高手低　粗心大意　拈轻怕重
优柔寡断　屡教不改　急于求成　斤斤计较　骄傲自大　顽固不化

思考：看到这样的词语后，你有什么感受？你如何看待这些缺点？

（5）展示描写理想的成语：

引领时尚　三尺讲台　凌云之志　乘风破浪　环游世界　救死扶伤
精忠报国　英勇善战　博学笃志　荣归故里　勤学修德　志在四方

思考：你有理想吗？你愿意从现在开始树立理想吗？你会为你的理想付

出怎样的努力？

三、给现在的自己写一封信

写作指引：想象另一个你站在一旁，看着现在的你，把你想对自己说的话写下来。

范例：

（1）现在的你在学习上还不是很努力，对地理课程的学习也不够积极。马上就要地理会考了，你面对的不是全班同学，也不是整个年级的同学，而是全区的学生。竞争是很激烈的，只有努力学习，才有可能脱颖而出，取得想要的成绩。我还想对现在的你说，天地这么大，要放眼全世界。你将来要走出去，离开温暖的家，与父母分离，独自闯天下，因此你要早早做好心理准备。现在的你，不要在乎别人说什么，只管自己去做就好了。做最真实的、最好的自己！加油！

（2）现在的你变得跟以前不一样了，以前的你无忧无虑，不在乎别人的眼光。可现在你很在乎别人的眼光，变得不知所措。你是从什么时候开始变成这样的？我不知道。你的话越来越少，你只跟亲近的人说想说的话，就连在网络上也不敢说话了，生怕说错了什么，惹得别人不开心。你什么时候变得这么"玻璃心"了？不管怎样，请你做回自己。

（3）亲爱的自己，你好！我在镜子里见过你，你是一个平凡且乐观的人。你总是以乐观的心态面对任何事情。无论成功还是失败，无论受到什么打击，你都能用快乐战胜烦恼。你想拥有健康的身体，每天都坚持运动。你做事不专一，想到什么就干什么，想做什么事就疯狂地去做，比如喜欢拳击就疯狂地去练，喜欢篮球就疯狂地去打。你有时过于狂妄，有时过于低调，这使得你不知道自己究竟是狂妄的还是低调的。不管怎样，你不用做别人，只需要做你自己。你就是你，是独一无二的你！

不要压抑自己的情绪

——《头脑特工队》课堂实录

【电影简介】

十一岁的小女孩莱莉因为父亲的工作变动,搬到了旧金山。她离开了熟悉的环境,离开了朋友,感到非常孤单,而学校发生的各种事情又让她难以应对,最终情绪崩溃。在这个过程中,她大脑中的五个情绪小人发挥着各自的作用。

【观影背景】

进入青春期的孩子,做事积极、富于热情,同时又容易伤感、激动。由于生理和心理上的急剧变化,有些学生的情绪会表现得相当强烈,起伏比较大,甚至会出现不能自主控制情绪的情况。有人用"阴晴不定""狂风骤雨"来形容这个时期孩子的脾气。因此,引领学生认识情绪、接纳情绪、管理情绪非常重要。

【观影目标】

1. 了解情绪,接纳情绪。
2. 学会合理宣泄情绪。

【电影课堂】

一、导入

师:《头脑特工队》这部影片讲述了一个关于什么的故事?请同学们用一个词语来概括。

生：情绪。

师：人有哪些情绪呢？

生：喜、怒、哀、惧。

师：这是四种基本情绪。其实人的情绪有好多种，这部电影只选取了五种，通过小人的方式来呈现。我们来认识一下：

金色的乐乐——喜

蓝色的忧忧——哀

红色的怒怒——怒

紫色的怕怕——惧

绿色的厌厌——厌

这些情绪是怎么来的？它们又是如何主宰着我们的思想和行为？这部电影是用什么方法向我们讲明白的？这就是本节课要探讨的内容。我们先从宏观来看电影布局。

二、宏观看电影布局——认识情绪

师：给大家普及一个小知识。在小说或者电影中，有一种叙事结构叫双线结构。就是在叙事过程中，设置两条线索，分别叙述两件事，彼此映照、对比、交叉、重合，从而更好地传情达意。这部电影就采用了这种方法，为观众搭建了一个趋于"全知"的观影角度，有利于我们了解什么是情绪、情绪是如何产生的、不同的情绪会让我们做出什么样的行为。

下面我们以小组的形式完成以下活动：

1. 从女孩莱莉的角度概述故事。
2. 从小人乐乐的角度概述故事。

一组：我叫莱莉，是个活泼开朗的女孩，生活在一个幸福快乐的家庭里！我有一个非常要好的朋友，有爱我的爸爸妈妈，有喜爱的冰球。十一岁那年，因为父亲的工作发生了变动，我们全家搬到了旧金山。搬家车走失、朋友远离、房子简陋、同学陌生……我的生活开始变得很糟糕，让我很不适应，心情极度低落。我极度讨厌这个地方，曾经离家出走，想离开这个城市，回到之前那个有朋友、有快乐的地方。在路上我感到害怕，有些后悔，就回了家。我向父母说出了我的心里话，而父母的拥抱让我感受到了家的温暖和他们的爱。

二组：我是乐乐，是女孩莱莉大脑中的一种快乐的情绪。我很爱我的小主人，我希望她的人生永远都是快乐的。我和厌厌、怕怕、怒怒、忧忧住在莱莉的大脑总部，我们掌握着莱莉的喜怒哀惧。可是有一天她搬家了，她很不开心。而我和忧忧因为意外，离开了大脑总部，来到了记忆广场。在这里，我们遇到了冰棒（莱莉小时候最喜欢的玩具）。在冰棒的带领下，我们准备乘坐思维火车回到莱莉的大脑总部，但是由于一个个岛屿的坍塌，我们无路可走了。但我们没有放弃，在冰棒的帮助下勇敢向前冲，终于回到了大脑总部。忧忧帮助莱莉找回了记忆，而我也终于明白，不仅我对小主人很重要，其他情绪也同样重要。

三、中观析电影片段——接纳情绪

片段一：冰棒的彩虹车（火箭）被垃圾车收走了，扔到了垃圾场里，冰棒很伤心。乐乐和忧忧来安慰他。

师：这个片段给我们展示的是什么情绪？

生：伤心。

师：乐乐和忧忧都来安慰冰棒，但是两人的方式不同，效果也不同。她们是怎么做的？

生：乐乐采用了安慰鼓励法——"一切都会过去的，我们会有办法的"，幽默化解法——"谁最怕痒了，挠痒怪来了"，注意力分散法——"我们玩个有趣的游戏，你指出火车站在哪里，然后我们一起走过去"。

师：这些常用的方法，对冰棒排解忧伤有效果吗？

生：没有。但忧忧好像很能理解冰棒，并能让冰棒哭出来。哭泣宣泄法比较好用。

师：对，在心理学中有个词语叫"共情"。忧忧能深入冰棒的内心去体验他的情绪，和他产生相似的情感。忧忧是这样共情的——

承认现实：

"我很抱歉他们拿走了你的火箭，拿走了你心爱的东西，一切都无法挽回了。"

倾听与回应：

冰棒："这是我和莱莉之间最后的信物。"

忧忧："你和莱莉之间一定有过很棒的冒险。"

……

肢体接触：

一边把手放在冰棒的腿上，一边说："是的，是的。"

安慰别人的最好方式不是同情，那是居高临下的，而是共情——站在对方的角度，承认其所处的困境，真正理解他的感受。

片段二：乐乐掉进了记忆垃圾场，怎么挣扎也走不出去。她看着周围即将被遗忘的记忆球，难过地哭起来。她把一颗蓝色的记忆球抱在怀里，轻轻摸着，忽然发现球慢慢变成了金色。她呆住了，似乎有所领悟……

师：乐乐究竟发现了什么？

生：乐乐发现先有忧伤，再有快乐。忧伤和快乐就像一对孪生兄弟。这段记忆是莱莉由于失误，导致球队比分落后，她很忧伤，爸爸妈妈都来安慰她；后来她振作起来，带着大家赢了比赛，小伙伴们把她高高地抛了起来，她的内心充满了快乐。也就是说，有了忧伤的体验，之后的快乐就更加深刻。

生：乐乐一直认为，莱莉不应该有忧伤，难过是一种消极情绪，因此千方百计赶走忧忧，给莱莉带来快乐。这个记忆球的变化让乐乐明白了忧忧的重要性。

师：没错，是这样。如果我们不能认同内心的忧伤，就会引起心理上的混乱，进而带来行为上的混乱，比如莱莉离家出走。我们要接纳自己的负面情绪，不要去压抑它。

四、微观赏电影画面——表达情绪

师：我们先来了解一下电影画面中出现的一些物品及它们的象征意义。

生：我注意到了那些记忆球。每种记忆球都对应着一种情绪。莱莉小时候，核心记忆球是金色的，这告诉我们，小孩子都会追求快乐，但是长大后，核心记忆球就是彩色的了，说明各种情绪混杂在一起。

生：我记得那些岛屿。每个时期的岛屿都会有不同。岛屿会坍塌，也能重建。这告诉我们，每一段经历都会被记忆，最终形成我们个性的一部分。

生：我记得操控台。小孩子的操控台比大人的小，但它会慢慢升级。电影结尾就展示了操控台的升级，说明情绪会越来越多，这也意味着成长。

师：你说得很准确。操控台变大，的确意味着成长。关于操控台，大家还有没有其他发现？

生：每个人控制操控台的情绪不同。莱莉的是乐乐，爸爸的是怒怒，妈妈的是忧忧。但妈妈的忧忧和莱莉的忧忧不同，妈妈的更稳重、理智些。

师：大家的解读都很棒。不同的人由不同的情绪做主导，于是就有了不同的人格特质。林黛玉是哪种情绪做主导？

生：忧。

师：那你们呢？你们的爸爸妈妈呢？

（生纷纷说）

师：下面我们来一个"头脑风暴"，说说不同的画面给我们带来了什么样的情绪体验。

生：冰棒和乐乐坐着小车，想要从悬崖边冲上来，最后冰棒跳下车，让乐乐独自上来。看到这里，我很感动。

生：当冰棒被遗忘时，我很悲伤。

生：结局的美好让我快乐，冰棒的消失让我忧伤，莱莉父母一如既往的鼓励让我感动，忧忧的自作主张让我很生气。

生：乐乐和忧忧回到大脑总部，拯救了莱莉的生活时，我很高兴、很感动。

生：乐乐和冰棒哭起来的一瞬间，我很忧伤。

生：父亲不理解莱莉，把她赶回房间的时候，我很生气。

生：莱莉离家出走，让我很害怕。

师：请大家回到我们的现实生活中，想想自己最近哪种情绪体验比较强烈。如果情绪评分从弱到强是 1 到 10 分，你会打几分？之后用这样的方式来表达情绪：先说出整个事件，再说出你的情绪。说的时候想象你面前站的就是和你情绪有关的那个人。你面前的那个人也可以是你自己。

我来示范一下（对同学们）：我花了好几天的时间准备了这堂课，本希望能帮助同学们解决来自情绪上的困惑。可是有些同学不认真听讲，在课上和其他同学玩闹，我有些伤心，也有一些生气。我的生气程度原本是 8 分，这样表达后是 4 分。

生：（对自己）昨天我们举行了红歌合唱比赛，我们班节奏唱快了，也唱破音了，没得到好成绩，我很伤心。之前伤心程度是 9 分，说出来后是 5 分。

生：（对自己）我不善于和同学交往，总是和同学闹矛盾，爸爸妈妈给我的建议是让我忍，还说踏入社会就必须如此。因此我很压抑，也很难过。之前的压抑程度是 9 分，说出来后是 7 分。

生：（对爸爸）晚上我写作业的时候，从抽屉里拿尺子。没想到这一举动却让你误会成窝藏着什么东西，你顺手就在我脑袋上拍了一掌，我问："怎么了？"你却说："你还敢跟我说怎么了？"你对我的不信任让我很委屈，也很生气。之前的程度是 10 分，现在是 7 分。

生：（对朋友）我们一起玩的时候，我发现我的鞋带松了，于是蹲下来系鞋带，可是你已经走远了。当我追上你时，你竟然对我说："你来干什么？"这话让我很伤心，也很生气。生气指数由 8 降到 7，伤心指数原先是 2，现在还是 2。

生：（对妈妈）我在淘宝上看上了一双篮球鞋，虽然有点贵，但是样式的确好看。我想买，你不同意，怕是假货，还朝我发了脾气。我只想买双鞋，你如果不同意，我就不买了，为什么要发那么大的火呢？你的态度让我也很生气。生气指数由 9 降到 7。

生：（对妈妈）晚上我已经写完了作业，准备看 10 分钟电视，但是你不同意，非要逼着我背课文。其实我只想放松一下，不想那么累。可是你不理解我，我很生气。生气程度原本是 9，现在是 8。

生：（对自己）昨天我们参加了歌唱比赛，在我们演唱的过程中，有许多地方唱破了音，节奏也快了，最后都快忘歌词了。我非常恐惧，害怕我们得不了第一，害怕被老师责怪，害怕别人会嘲笑我们。害怕指数为 9。（我悄悄对这个学生说，如果我告诉你班上好多同学都对这一事件怀着恐惧，这个指数有没有变化。他说害怕指数降低了一半）

五、一句话说启示

师：请大家用一句话说出你观影后的收获。

生：如果我们只认为快乐记忆才是好的，不愿意承认悲伤，选择压抑和否认，最后心理就会崩溃。

生：每一份悲伤的记忆和情绪，都在给我们创造面对自己的机会。

生：悲伤的情绪也有积极的作用。

生：人生中有很多快乐源于悲伤的经历，安慰带给人温暖，鼓励带给人信心。

生：学会接纳消极情绪，学会合理宣泄情绪。

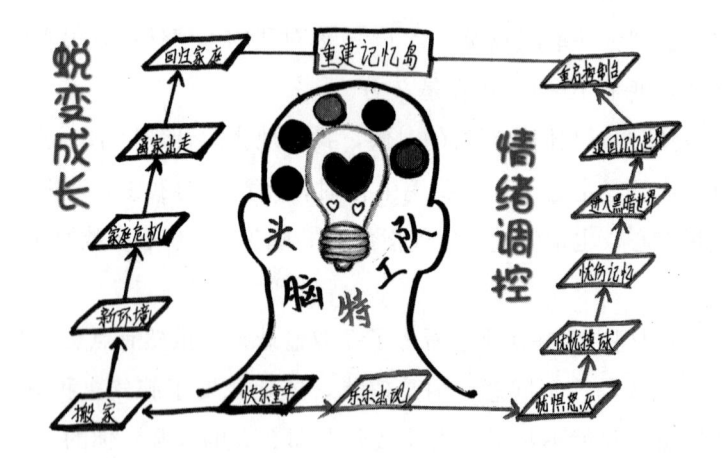

【学生观感】

刘洋：《头脑特工队》这部影片主要讲述了人的情绪是如何起作用的。主人公莱莉的情绪由最初只有"乐"变成后来有"乐、厌、忧、惧、怒"五种情绪。影片中的乐乐一心想让莱莉开心快乐，认为其他情绪只会产生消极作用，会让莱莉不快乐，因此情绪操控台只由自己操控，很少让其他情绪触动。乐乐认为忧忧只能给莱莉带来悲伤，所以千方百计地想赶走忧忧。后来乐乐终于明白，她错了。乐乐和忧忧误入了长期记忆区并且拿走了核心记忆，使莱莉越来越没有个性。一直活泼开朗的她变得沉默寡言，曾经热爱冰球的她也放弃了冰球，以前很珍惜友谊的她也不相信友谊了；家庭岛、冰球岛、友谊岛、搞怪岛、诚实岛一一消失，也预示着莱莉走进了心理混乱期，导致离家出走。最后却是忧忧救了莱莉。这告诉我们，任何一种情绪都是成长所需要的，只有接纳它们，它们才能成为一个强大的团体，使我们的人生丰富精彩。

陈思含：这部电影主要讲述心中的小情绪的故事。我们被快乐的情绪掌控时，就会变得快乐；我们被恐惧的情绪掌控时，就会对一些事物产生恐惧……小时候我们的玩具，在当时可能是最重要的，但长大后我们会把它遗忘；曾经喜欢的，长大后可能不会再喜欢。影片中，饼干屋倒塌、玩具熊破损、幻想男友被遗忘就说明了这个问题。这些成长的感觉我也有。在我们的人生中总会有一些意想不到的事情，比如影片中的搬家。搬家让莱莉陷入了前所未有的困境，她不知所措。情绪小人乐乐为了莱莉的幸福东奔西走，另外几个情绪却在大脑总部把事情搞得更糟。最后莱莉为了找回快乐而离家出走，失去了诚信、家庭、朋友。当她坐在车上的时候，乐乐和忧忧经过千辛万苦终于回到了大脑总部。忧忧在乐乐的鼓励下上了操控台，解决了这场危机，让所有事物回到了原来的状态，甚至变得比原来还要好。莱莉和父母之间的感情更好了，乐乐也重新回到了操控台，忧忧也没那么悲观了。这部影片让我看到自己的一些问题。比如，我现在的情绪有些冲动，我的一切都是由怒怒操控的，我以后要努力调控我的情绪，变得更好。

【教者说课】

我一直想通过上电影课的方式，让学生认识自己、接纳自己，学会应对生活中发生的一切，尤其是学会管理情绪。很高兴遇见《头脑特工队》这部电影，它让我完美地实现了目标。这部影片很棒，它深深地吸引了学生。之前观影，总有些学生一边写作业一边看，但观看这部影片时，六个班级所有学生从头到尾都投入其中。据说，这部影片的导演彼特·道格特就是从自己女儿的成长经历中找到创作灵感的。也许正是这种成长中的共同经历，让这些七年级的孩子有了代入感。

影片看完了，我该怎么带着学生们解读呢？我思考了好久。恰好这时，王君老师在"语文湿地"用《风雨》一课的实录，展现自己如何用"宏观看篇、中观看段、微观看词"的结构方式来建构课堂。看着她的实录，我有了些许想法。一堂关于情绪的心理电影课铺展开来。

【影课评点】

共同成长，互相滋养
——情绪心理课带来的启示

贾清银

我实在忘不了那个雨后的黄昏，她冷漠地转过身，眼里满是拒绝。和她一样手足无措的，还有一个焦虑的我。那是我第一次体会到身为教师的无能为力。

她是我任教第一年带的学生。作为语文教师，我能从她的作文中察觉到她情绪上的波动：被同学孤立，被父母贬损，置身于绝望之舟。读到那些文字时，我整个人都在震颤。我小心翼翼地找她谈心，通知班主任，试图帮助她。但直觉告诉我，她并不想接受老师"自以为是"的帮助。我们之间似乎总横亘着一道墙，她筑起心灵屏障，上面写着"生人勿近"几个大字，对所有试图接近的老师回以拒绝。那时我不知道，她的内心世界正发生着剧变，并伴随着长久的撕裂。后来她用决绝的方式告别了世界。

夜深人静时，我总会想，如果那时我多懂一些心理学知识，结局会不会不一样？我们常说自己是学生成长的护航者，但初中生的成长伴随着身心发展的不平衡，这个阶段的教育工作十分复杂，如果缺乏系统的教育学、心理学知识，只会事倍功半。当我带完一届学生，回头再去迎接一张张青春的面孔时，"敬畏"二字渐渐出现在脑海中。我开始反思：仅仅依靠朴素的爱，用自认为对的方式教育学生，就对了吗？不是的，方法错了，爱也可能变成伤害。

看到晓琳老师用心理电影课的方式来教会孩子认识情绪、接纳情绪、表达情绪时，我惊呼：这不正是我需要的吗？这不仅是给学生的心理课，而且是给我们每个老师的心理课。师生共同成长，互相滋养，这是真正的"生命影响生命"。我从三个方面来谈谈对这堂课的感受。

一、做学生的知音，聚焦现实问题

在教学内容的选取上，晓琳老师将教学内容凝聚成简短的一句话——接纳情绪，这成为本堂课的灵魂。这课堂可以说是一场及时雨。正如她所说，七年级的学生容易情绪激动，有时甚至不能自我控制。这种情况每个老师都遇到过，却不一定都会重视，不少人只是将其归因于性格和家庭，甚至在工作中粗暴行事。不少学生也不清楚自己到底怎么了，在阴晴不定中自我怀疑、陷入困惑。晓琳老师聚焦"情绪"这一主题，紧扣学生身心特点，贴近学生的需求，解了燃眉之急。

在教学中，晓琳老师首先开门见山地点出课堂主题，随后穿插知识讲解，如双线交织的叙事线索和全知视角的叙事方式，让学生从宏观上整体感知电影故事；接着让学生分小组复述，还原故事脉络。在这个过程中，学生和主人公一起觉察情绪、认识情绪，建立起对情绪的初步认知。

这堂课借助这部优秀的电影，用声音和图像来呈现不可视的情绪。不得不说，这是一个巧妙的方法。除此之外，课堂的听说互动、逐层递进，也让学生在不知不觉中完成了一次探索情绪的奇妙旅程。电影课与心理课的完美结合，为学生搭建了一条通往幸福的成长桥梁。

二、做学生的导师，拨开认知迷雾

在长达 90 多分钟的电影中，晓琳老师精心裁剪了两个关键片段：一个是冰棒的彩虹车被垃圾车收走了，他很伤心，乐乐和忧忧都来安慰他；另一个是乐乐在转动蓝色记忆球的过程中，发现它由蓝色（忧伤）变成了金色（快乐）。这两个片段都指向忧忧。这也是课堂要突破的重点——接纳情绪。

看到这里，我很有感触。一直以来，学生都被鼓励做活泼开朗、积极向上、充满正能量的孩子。我们的教育通常是歌颂欢乐、排斥悲伤，赞扬乐观、鄙夷消极。当影片中冰棒的忧伤没有被乐乐排解，而是被忧忧稀释时，晓琳老师引导学生思考：为什么安慰、鼓励的方法没有效果呢？随后她适时补充点拨，引入"共情"概念，介绍了忧忧共情的三种方法：承认现实、倾听与回应、肢体接触。这使自身体验和心理知识结合起来。学生在疑惑处深挖静思，豁然开朗，懂得了如果不能认同内心的忧伤，就会引起心理上的混乱，进而带来行为上的混乱。

至此，学生们逐渐拨开认知上的迷雾，能够认识到情绪没有好坏之分，除了乐乐，怒怒、惧惧、厌厌、忧忧这些情绪都有其存在的合理性。当我们害怕时，惧惧能提醒我们规避危险；当我们有所抵触时，厌厌帮助我们坚持自我，不盲目跟风；当我们生气、愤怒时，怒怒协助我们保持底线，维护自尊；当我们悲伤忧愁时，忧忧向别人传递出需要支持的信号，使我们的情感体验更深刻。

生活中的酸甜苦辣经由情绪传递出来，顺应内心去接纳它，不对抗、不压抑，才是维持身心健康的关键。

三、做学生的帮手，提供表达支架

在课堂上，晓琳老师带着学生进行了别开生面的听说互动，通过形式多样地说、层层深入地说，引导学生从课内到课外，从理论到实际，体验、表达情绪。

一是说细节。晓琳老师让学生留意电影中的物品及它们的象征意义。学生经过前两个环节，已经形成了对情绪的正确认识，很快就发现了记忆球的颜色、岛屿的坍塌和重建以及操作台升级背后的隐喻。晓琳老师顺势追问：关于操作台，还有没有其他发现？学生很自然地想到莱莉父母的情绪小人们，进而得到不同的人情绪中占主导地位的情绪不同等发现。

二是说体验。这个环节中，晓琳老师让学生进行"头脑风暴"，选择一个印象深刻的画面谈情绪体验。学生积极发言，谈观影感受，选取的画面有同有异。可以说，这既是学生与电影，也是学生与学生之间的共情。

三是说自身。经历了前两轮互动，晓琳老师带着学生跳出电影，回归生活：想想自己最近哪种情绪比较强烈。这就涉及学生的个人隐私了。为了营造友善互助的氛围，让学生敢于表达自己，晓琳老师用了两个方法。一是以身示范，自己先说。她开诚布公地谈了自己上这堂心理课的情绪历程。二是提供具体的表达支架：先说出整个事件，再说出情绪。这样一来，学生果然被感染了，纷纷敞开心扉，调动情感体验，谈了生活中愤怒、悲伤、恐惧等情绪经历，通过公开的"树洞"合理地表达自己的感受，释放情绪。

这堂课不仅让学生完成了一次认知情绪、接纳情绪、表达情绪的心灵之旅，而且让我们每一个见证这个过程的成年人也得到了警示。作为父母，我们要理解初中孩子的"阴晴不定"，体味他们难以言说的隐痛，更要明白孩子是有独立意志的个体。成长，就是我们不断目送孩子远行的过程。无论前路多么变幻莫测，只要有父母的爱和支持，孩子的内心世界就会足够强大。父母永远是他们最强有力的后盾。

心理学应该是每个教育工作者的必修课，更应该是语文教师的必修课。我们需要更多像晓琳老师这样的教师，结合学生的心理发展实际，在共同探讨、互相倾听中破解学生的心灵密码、加深相互间的情感，绘就共同成长、互相滋养的教育画卷！

（贾清银：湖北省水果湖第二中学教师，曾获湖北省"长江教育杯"微课大赛二等奖、襄阳市樊城区"学生最喜爱的老师"等称号）

【影课延伸】

处于初中阶段的青少年，情绪极不稳定。《头脑特工队》电影课帮助学生认识、调整和表达情绪，摆脱情绪困扰。下面的课例通过系列活动引导学生觉察和接纳负面情绪，找到合理宣泄情绪的方法。

我和情绪有场对话

[活动目标]

1. 了解情绪相关知识。
2. 学会识别和表达情绪。

[活动准备]

制作课件；每人一张 A4 纸，每小组一盒彩笔。

[活动过程]

一、观影导入

观看电影《头脑特工队》中大脑指挥部里乐乐、忧忧、厌厌、怕怕、怒怒依次出现的片段，引入课题。

二、热身活动

游戏规则：全体站立，双手打开，左手竖起大拇指，右手手心朝下。老师念一段文字，一旦听到老师念出有关情绪的词，立即用右手去抓右边同学的大拇指，而左手要同时反应，逃脱左边同学的抓捕。

三、认识情绪

基本情绪，也叫原始情绪，是人和动物共有的，包括快乐、愤怒、悲哀、恐惧。

复合情绪，是在基本情绪的基础上，在生活情境中经过自我认知评价而派生出来的，是多种基本情绪的结合。比如，我们信任或害怕某人时，会产生一种使自己服从的情绪；当我们感到乐观时，其实是体验到了喜悦和盼望。

情绪的程度：

快乐可细分为满意、愉快、欢乐、狂喜等。

悲哀可细分为遗憾、失望、难过、悲伤、极度悲伤等。

恐惧可细分为害怕、惊慌、惊恐万分等。

愤怒可细分为不满意、生气、愠怒、愤懑、激愤、狂怒等。

情绪的特点：

每个人都有情绪，并且情绪是多种多样的。

情绪可以分为积极情绪和消极情绪，对人的身心有重要影响。

情绪具有传染性，有些情绪把控不好，就会产生破坏性。

四、头脑风暴——说情绪

1. 头脑风暴

列出可用于描述喜、怒、哀、惧四种基本情绪的词语。

高兴：

兴高采烈、心花怒放、愉快、开心、欢乐、兴奋、欣喜若狂、喜悦、宜人、兴致勃勃、神采奕奕、喜出望外。

生气：

恼羞成怒、火冒三丈、怒发冲冠、怒火中烧、怒气冲天、愤怒、气愤、懊恼、烦躁、气急败坏、愤愤不平、怒不可遏。

悲伤：

伤心、惆怅、多愁善感、忧愁、悲哀、凄凉、悲痛、伤心欲绝、痛苦、灰心丧气、心痛、心酸、难过、心如刀割、心碎、沮丧、失落、忧郁。

害怕：

心惊胆战、恐惧、恐慌、魂不守舍、忐忑不安、惧怕、瑟缩、胆怯、心惊肉跳、畏惧、魂飞魄散、毛骨悚然、小心翼翼、心惊肉跳、七上八下、战战兢兢、惊悚、紧张。

2. 说情绪

以"我很＋情绪词语，因为……"的模式，说出自己曾经有过的情绪。

分享示例：

我很兴奋，因为在这次心理课上，从来不举手的我在小组的鼓励下勇敢地举起了手。

我很悲伤，因为每次回老家过年总觉得时间过得特别快，很快就要和亲人分离。

我很感动，因为我生病的时候有家人、同学照顾我。

五、调节情绪

情绪是正常、自然的人类体验和感受。无论什么情绪，都有其存在的意义和价值。不恰当的情绪处理方式会对人造成伤害，因此，面对情绪，我们要学会自我调节。

1. 掌中大脑

将手掌模拟为大脑，当你伸出手掌，掌心靠近手腕的地方就是脑干，那里负责呼吸、心跳。如果把大拇指弯向掌心，大拇指可代表中脑。然后，将四指合拢，这时，我们就握成了一个拳头，拳头代表着整个大脑皮层，它负责接收和调节来自感官的各种信息。拳头的前面，就是指甲盖的部分，代表着前额叶。前额叶负责调控情绪、反应灵活度、直觉、自我意识等，也叫"理智脑"。当我们很理智的时候，会运用逻辑判断、形势分析、情绪管理……理性大脑就像一个盖子，紧紧地关住人类的动物本能。动物本能爆发的那一刻，盖子就打开了，让我们很难使用解决问题的技能。

思考：需要做什么才能找回理性大脑，以便解决问题？

2. 寻找调控情绪的方法

学生分享：运动、倾诉、深呼吸、冷静思考、转移注意力、看书、吃饭、睡觉、换位思考、幽默化解、合理发泄、大吼、自我暗示、喝水、听音乐、吃美食、做喜欢做的事情、自我安慰、静坐、写日记……

3. 设计平静区

思考：如果在班级或者家里设置一个能让自己平静下来的地方，重新整合感受，快速有效地调控情绪，你会在哪里设置？会给它起什么名字？

学生分享平静区名字：心灵之家、心灵之声、私人小屋、心源绿洲、安全区、淡定区、冷静区、荒野、孤岛、南极、北极、冰山、和平区、静心阁……

4. 学生分享收获和体会

示例：

（1）有一次，爸爸问我是不是偷玩手机了，我说没有。可是爸爸一口咬定说我玩了，我非常生气，一气之下把手机摔了。现在我明白了，人不可能没有愤怒的情绪，但要合理发泄，不能伤害他人、伤害自己、破坏财物。

（2）我买了一个很好看的笔袋，有同学拿我的笔袋玩，在教室里扔来扔去，甚至上课了也不还给我。我的笔经常会变少，我很生气。这节课的收获是，我可以表达我的愤怒，但是要心平气和地表达，这样才能解决问题。

孩子，你终会长大

——《别惹蚂蚁》课堂实录

【电影简介】

胆小的小男孩卢卡斯受到大孩子的欺负，不敢反抗，转而把怒气撒到了蚂蚁身上，结果遭到蚂蚁的报复。蚂蚁把他变小后，带到了蚂蚁王国里。于是，卢卡斯被迫适应蚂蚁的生活，最终慢慢成长起来，找到了人生的意义。

【观影背景】

初一的学生面临新的学习环境，需要学会适应，否则就会引发各方面的问题。如何帮助学生认识新环境的挑战，并找到适应新环境的方法，是这个阶段心理课的主要目标。我想利用电影里的故事，启发学生思考和解决生活以及学习中的问题。电影《别惹蚂蚁》中的小男孩卢卡斯，由人类的环境进入蚂蚁的世界，面临的最大挑战就是适应新生活。

【观影目标】

1. 了解卢卡斯适应新环境的方法。
2. 寻找适应初中生活的途径。

【电影课堂】

一、导入

师：同学们，大家升入初中已经有一段时间了，可以用一个词来形容一下你们现在的心情吗？

生：苦、累、烦、期待、不知所措、好奇、手忙脚乱、兴奋……

师：老师理解你们的感受。换了一个新环境，刚开始必然会不适应。有个叫卢卡斯的小男孩，有一天突然要和蚂蚁一起生活，他也非常恐慌害怕。他将如何适应这个新环境呢？让我们走进《别惹蚂蚁》这部影片，一起来探求适应新环境的方法。

二、寻方法

1. 观看影片开头和结尾部分

师：在影片开头和结尾部分，你们看到的卢卡斯是一样的吗？

生：不一样。

师：不同之处在哪里？

生：开头处的卢卡斯受欺负也不敢吭声；结尾处的卢卡斯不再忍受，敢于反抗。

生：开头处的卢卡斯非常胆小，没有朋友，只会躲在沙发后边打游戏；结尾处的卢卡斯凭勇敢赢得了许多朋友。

生：他一开始是很自卑的，连听到妈妈说"小家伙"这样的词都很恼怒；结尾时他变得自信了，也不介意妈妈叫他"小家伙"。

生：开头处他是没有礼貌的孩子，对妈妈不理不睬，结尾处他对妈妈很有礼貌。

生：一开头他欺负小动物，结尾时他爱护小动物。

师：这样的对比，让我们看到卢卡斯的成长，他究竟是如何成长起来的呢？

生：在和蚂蚁一起生活的过程中，他学会了很多东西，逐渐成长起来。

师：说得有道理。下面我们就去探寻，到底是什么改变了他。

是什么让改变发生？

从前：自卑、脆弱、胆小、欺负弱小、没有礼貌

卢卡斯

后来：团结、有爱心、自信、勇敢、有礼貌

33

2. 观看卢卡斯参加觅食比赛的片段

师：卢卡斯想融入蚂蚁的生活，哈娃给出什么建议？

生：在这个王国里找到自己的位置。哈娃根据卢卡斯的特点，建议他做觅食的蚂蚁。

师：在觅食比赛中，卢卡斯学到了什么？

生：团结协作。

师：大家对蚂蚁搭建蚁梯，跨越障碍物的情节很感兴趣。大家注意到了吗？卢卡斯不好好合作，其他蚂蚁的态度如何？

生：不抛弃，不放弃。

师：这个同学说得太好了，高度概括出团体合作的精髓。

3. 观看马蜂袭击时，哈娃救卢卡斯的情节，以及与杀虫专家搏斗时，哈娃遇险等片段

师：当马蜂袭击卢卡斯的时候，哈娃挺身而出，挡在前面，结果哈娃被马蜂抓走。卢卡斯是怎样做的？

生：自己逃走了，无意中点燃鞭炮，救了自己，也救了蚁群。

师：后面有一处相似的情节。当哈娃被大黄蜂压在身下，无法逃命时，哈娃一再催促卢卡斯赶紧逃跑，那时卢卡斯是如何做的？

生：先有一丝犹豫，后来坚持要救哈娃。

师：面对处在危险中的哈娃，卢卡斯心里会想什么？

生：我不能扔下哈娃，那不是我应该做的事。

生：我一定能把那只压住哈娃的大黄蜂抬起来，我一定能救出哈娃！

师：面对相似的处境，卢卡斯做出了完全不同的选择。影片用对比的手法让我们看到了卢卡斯的成长。他懂得了朋友有难时要尽全力帮助，不能丢下不管。

4. 观看卢卡斯被癞蛤蟆吞进肚子的片段

师：卢卡斯被癞蛤蟆吞进肚子里后，是谁救了他？

生：蚂蚁巫师扎克。

师：可是扎克并不喜欢卢卡斯啊，他也不把卢卡斯当朋友，而是当作仇

敌，想赶他走。为什么扎克还要救他？

生：因为他不愿意看到哈娃伤心。

师：这是其中一个原因，但不是最重要的。最重要的原因是蚂蚁心中有着这样一份信念，那就是——

生：蚂蚁会为朋友牺牲自己。

师：这是扎克的话。即使对方不是朋友，蚂蚁也不会丢下他。扎克把这份信念传递给了卢卡斯。当哈娃要卢卡斯自己逃走时，卢卡斯坚定地说："那可不是蚂蚁该干的。"

5. 观看卢卡斯及同伴智斗杀虫专家的片段

师：这段情节能很好地体现卢卡斯各方面的成长，大家说说看。

生：我看到了一个敢于担当的卢卡斯。当大家问是怎么回事时，卢卡斯敢于承认是自己错了。

生：我看到了一个充满智慧的卢卡斯。他想出了一个好主意，用缩小剂把杀虫专家变小。

生：我看到了一个善于团结协作的卢卡斯。他让蚂蚁和马蜂团结协作，共同抵御敌人。

生：我看到了一个内心有力量的卢卡斯。从前他怎么爬都无法像蚂蚁那样爬到高处，但是现在他做到了，而且能背着比他大、比他重的物体爬。

生：我看到了一个勇敢的卢卡斯。他遇事不再逃避，而是始终和蚂蚁一起救助同伴、抗击敌人。

师：我用思维导图来总结一下刚才大家说的内容。卢卡斯适应新环境的秘诀有自信、勇敢、爱、担当、合作等。

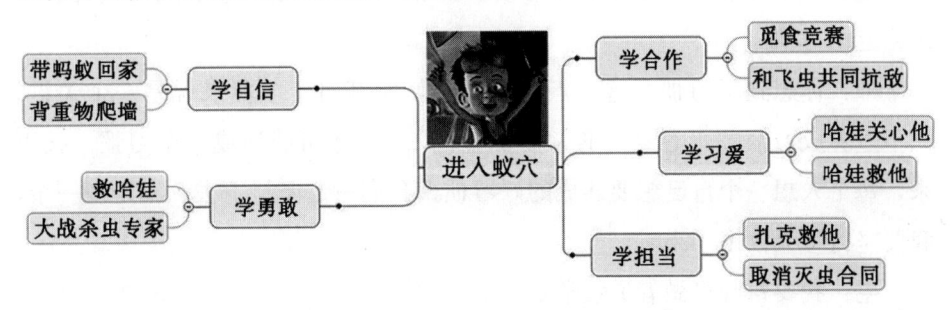

三、找途径

师：请大家看着黑板上的思维导图，想一想影片《别惹蚂蚁》在适应新环境方面给了你什么启示。

生：我觉得适应新环境有一个过程，由开始不接受到慢慢接受。

生：我们在适应新环境的过程中，应当主动结交新朋友；和朋友一起面对困难，这样就不会孤单了。

生：我们要学会团结，学会尊重他人，这样才能为自己赢得更多友谊。

生：我们在刚进入新环境的时候，可能会把困难夸大，会觉得老师严厉、同学不喜欢自己，其实现实并不是我们想象中的那么糟。老师和同学都很友善，都会尽全力帮助你。

师：卢卡斯和蚂蚁一起生活时，学会了合作，学会了爱别人，学会了勇敢，学会了担当，学会了自信，最终也懂得了生命的意义。学会了这些，同学们也能很快适应初中生活，变身"达人"。接下来，大家准备怎样适应初中生活？

生：我准备调整心态，积极面对。比如，如果作业多，我会把作业当作堡垒来攻克。

师：这方法很重要，是打心理战。

生：我想，我可以向我的姐姐请教，看看有没有适合我的学习方法。

师：这是非常好的方法。当我们遇到困难时，要学会利用已有的社会资源，比如父母、老师、朋友等，取得他们的帮助。

生：班主任说过，要养成好习惯。我准备养成课前预习、课后复习、整理错题的习惯。

师：你想到了习惯，这一点非常重要，尤其对于学习来说是一个关键。只不过养成习惯并不容易，通常需要坚持 21 天才可能形成一个习惯。接下来，每个人想一个自己想要养成的好习惯，我们一起坚持下去。我先说一个，我要坚持每天读书半小时。

生：我要每晚多做五道数学题。

生：每天做十个引体向上。

生：每天练习一页硬笔书法。

生：每天默写两个英文句子。

……

师：从同学们坚定的目光和语气中，我看到了大家饱满的精神状态，让我们一起喊出——初中生活，我来了！

【学生观感】

周佳乐：《别惹蚂蚁》这部影片讲了卢卡斯开始时对父母不礼貌、胆小怕事，在经历了和蚂蚁共同生活的时光后，学会了团结友爱的故事。其中有许多让我感动的片段。比如，卢卡斯刚刚到蚂蚁的世界时，就认识了哈娃。在与马蜂大战时，哈娃为了保护卢卡斯，差一点被抓走。这让卢卡斯对蚂蚁有了更多的了解，蚂蚁不仅是劳动先锋，而且团结友爱、互相帮助，能为了朋友牺牲自己。后来，在得知杀虫专家因为他而要毁灭蚂蚁窝时，卢卡斯勇敢地挺身而出，带着蚂蚁，冒着危险回到自己家中取消合同。再后来，在和杀虫专家战斗时，哈娃被大黄蜂压到了身下，卢卡斯拼尽全力救哈娃，还救了蚁群，让一向对他反感的扎克对他充满了敬佩。

在生活中，我们缺少蚂蚁的团结友爱精神。就比如在陶泥手工课上，老师要求小组合作，制作出一份陶泥作品，我们组一直在吵，没有统一的意见。现在我明白了，只有分工明确、团结一心，才能在最短的时间内做出最好的作品。

邓惠方：《别惹蚂蚁》讲述了这样一个故事。卢卡斯因为受大孩子欺负而很自卑，于是去欺负比他更弱小的蚂蚁。小蚂蚁就把他变成了比蚂蚁还小的人，蚁后让卢卡斯在蚂蚁王国里生活，以此来赎罪。蚂蚁哈娃主动承担了做他监护人的责任，哈娃说的"我一定能让他成为一个真正的蚂蚁"也深深刻在了卢卡斯心里。哈娃先教卢卡斯觅食。他被分到了蓝队，蓝队的小蚂蚁带着他一起去到草丛里。蚂蚁们搭梯子过障碍物时，拉着卢卡斯一起搭，结果卢卡斯被甩了出去，意外地第一个到达食物处，组里的其他蚂蚁纷纷仿效，但后来由于卢卡斯爬不上高处,当大家再搭梯子准备拉他上来时,他气恼地摔了食物,比赛结束了,蓝队输了。但是队友们谁也没有埋怨他,而是对他说:"谢谢参与!"我想,这一定让卢卡斯感受到了些什么。这样的情节还有很多,当扎克把卢卡斯从癞蛤蟆的肚子里救了出来后,卢卡斯终于明白了团结就是力量。最后,卢卡斯与哈娃、扎克一起并肩作战,把杀虫专家变小,赶走了他,卢卡斯也终于变回了大孩子。这一系列经历终于让卢卡斯成长起来,成为一个孝顺父母、懂得爱护小动物、和朋友友好相处的男孩。卢卡斯勇于改变自己,这是值得我学习的。

温正阳:《别惹蚂蚁》记述了一个叫卢卡斯的男孩由自卑到自信的过程,而这一切改变,竟然源自几只蚂蚁……

我喜欢这部影片里的蚂蚁哈娃,因为她有爱。她不因卢卡斯曾经是"破坏王"就对他抱有成见;不因他做事总是半途而废就抛弃他;在最危险的时候,她会不顾性命去救他;当别的蚂蚁误会他时,她总是替他辩驳;在他失败时,她总是去鼓励他;当他自己都要放弃的时候,她用爱来帮助他。正是哈娃勇于奉献、牺牲自己的精神,一点一滴地打动了卢卡斯,让他学会了团结,学会了勇敢,学会了担当,学会了爱别人和报答别人的爱。我从这个故事中看到了自己的不足。我不懂得珍惜其他生命,见到小虫子会去捏死它,今后我不会这样做了。

初奕霖:《别惹蚂蚁》这部影片中,一个叫卢卡斯的男孩被一群孩子欺负,于是他每天都拿蚂蚁出气,蚂蚁为此受到了不少折磨,因此叫他"破坏王"。巫师扎克用药水把他变小,使卢卡斯得到了用小动物的眼光来看世界的体验。当杀虫专家来毁灭蚂蚁时,卢卡斯带领昆虫们共同战斗,打败了杀虫专家,蚂蚁们共同庆祝。最后,他们放卢卡斯回到自己的家,并让他恢复了正常的样貌。卢卡斯在这次冒险中明白了团结就是力量。他和其他小孩子一起打败了欺负他的人,也找到了自己的朋友。影片中那些战斗的场景让我印象深刻。在生死关头,哈娃屡次不顾自己的安危去救卢卡斯,即使深陷危险境地,考虑的也是卢卡斯。卢卡斯最后没有逃走,而是勇敢地救出了哈娃,让我很感动。

在这部影片中，我最喜欢的就是卢卡斯。他勇于改变自己，难能可贵。影片最后的情节是卢卡斯向蚂蚁窝里扔糖石。他没忘记自己的诺言，没忘记蚂蚁们陪伴他生活的那些美好时光，于是回报他们。看到这里，我心头一震，想到了那些帮助过我的人。他们陪我分享快乐、分担忧愁，这是我不该忘记的。我们也要团结努力、互相帮助，让大家感受团结的力量、温暖的力量。

【教者说课】

我被电影《别惹蚂蚁》深深打动了

儿子说，《别惹蚂蚁》这部动漫电影很有意思，可以让学生看看。于是，我和学生一起看了这部电影。我自己看了四遍，每一遍都有全新的感受和思考。

第一遍，我记住了一句话："我欺负你时，你什么都做不了。因为我强大，而你，是如此渺小。"

这话是一个大孩子对卢卡斯说的。卢卡斯受到欺侮后把自己的满腔怒气撒向了更弱小的蚂蚁。他用水枪来袭击蚂蚁，让水淹没蚂蚁窝。他对蚂蚁说："我这么强大，你这么渺小，你什么也做不了。"这引来蚂蚁们的强烈不满，它们称他为"破坏王"。为了改变这个局面，蚂蚁巫师发明了缩小剂药水，把卢卡斯变成了一个比蚂蚁还要小的小人。在蚂蚁王国里，他们试图把卢卡斯改造成一只蚂蚁。于是，卢卡斯和蚂蚁们一起觅食，一起聊天，一起抗击敌人，一起打败杀虫专家。在感受了蚂蚁们的团结、友爱、勇敢、宽容后，卢卡斯也渐渐有了一颗蚂蚁的心。当他再次回到人类的世界时，他对那个欺负他的大孩子说："是的，我很小，我们都很小，但是我们团结起来就强大了。"

第二遍，我关注人物的蜕变。

这部影片中，每个人物的性格变化过程都很完整。我看到了一个个人物的成长，并深深地被吸引。除了卢卡斯外，变化很大的还有蚂蚁巫师扎克。他有一句口头禅："巫师的字典里没有不可能。"扎克是痛恨人类的，对作为人类的卢卡斯怀有敌意。他不相信卢卡斯会改变，固执地坚持自己的观念。因此，在卢卡斯带着几只蚂蚁去人类的房间玩耍后，他把卢卡斯撵走了。哈娃知道后生气地对扎克说："你对人类的仇恨已经蒙蔽了你，你只想到你自己，只相信你看到的。而我看到的，是一个小家伙在学习我们的生活方式，想要成为王国的一分子——一只蚂蚁。"后来，卢卡斯被癞蛤蟆吞进了肚子里，扎克勇敢地跳到癞蛤蟆面前，让癞蛤蟆吞掉自己，从而救出了卢卡斯。扎克成长为一个公正而勇敢的巫师。一轮明月高悬，扎克和卢卡斯躺在大蘑菇上。远处，人类的城市像一个空中世界。扎克和卢卡斯一起聊天，一起沉沉睡去。那情，那景，让人感动。

第三遍，我陶醉于那些可爱有趣的场景。

我喜欢剧中蚂蚁喝水的方式：抓起一个水球，拿在手上吸，那水球晶莹透亮。我喜欢蚂蚁吃蜜露的场景：那蜜露绿绿的、软软的，似乎散发着清香。卢卡斯吃得很欢，连盛着蜜露的盘子都舔干净了。可当他发现蜜露是蚜虫的粪便时，那立马变绿的脸让我和孩子们开心地笑了。

我喜欢小蚂蚁带着卢卡斯觅食的场景。蚂蚁们觅食讲求的是团结。要越过障碍时，他们会打着节拍，嘴里喊着号子，然后搭建蚁梯，一起向前。那清脆、快乐的号子声格外地动听。

我喜欢看卢卡斯带着蚂蚁们去自己家玩耍的情节。他让大家乘着花瓣，滑翔着到达目的地。当他看到一家人的照片时，思念起妈妈，流下了眼泪。哈娃告诉卢卡斯，蚂蚁悲伤的时候是眨眼睛，随后他便眨了几下眼睛。看到这儿，教室里的孩子们一起喊："好萌啊！"

第四遍，我思考一个问题：看完之后怎么办？

查找资料得知，一个叫雷祯孝的老教授倾毕生之力，推动电影课在我国中小学的普及。可惜我看不到大家究竟是如何上电影课的，于是自己试着设计。

看电影时，学生们热情高涨；讨论电影时，我也得让气氛热烈一些。我问："大家还想继续看电影吗？"学生们异口同声地说："想。""那好，这节课我们来完成两个任务，一个是研讨电影，一个是写观后感。观点深刻、独到的同学可以拿到1分，如果全班同学的分数加起来达到50分，下节课可以继续看电影，否则……"

我们研讨的内容是——

1. 卢卡斯在人类的世界里遭遇了什么？给他带来了什么影响？
2. 卢卡斯在蚂蚁的世界里学到了什么？给他带来了什么影响？

回答的方式是用词语表达观点，然后用电影中的事例佐证。学生们积极踊跃地发言，观点颇有见地。我一边给他们加分，一边把讨论引向了深处。

随后，学生们写观后感。从中，我知道这部影片已经深深地刻在他们的心中。我的引导侧重于人的成长，这部影片还可以从其他角度来解读，比如人与自然、人与动物之间的关系等。

【影课评点】

像上阅读课那样上电影课

刘英丽

将电影引入课堂，是近些年的趋势。但是面对这一新鲜的教学素材，教师们往往不知道该从哪里入手。我也曾让学生看过几回电影，看完后让他们分析人物形象、提炼电影主题。但是，看电影的时间长，赏析电影的时间很短，学生的收获好像也不大。

看了晓琳老师这节课，我似乎找到了电影课的教法：把电影当成课文，把电影课当作阅读课来上。

第一，像分析文本一样分析电影。

按照王君老师的文本特质理论，可以将文本分为七类：主题型文本、语用型文本、写作型文本、诵读型文本、思辨型文本、跳板型文本和积累型文本。显然，晓琳老师将《别惹蚂蚁》这部电影当作主题型文本。她希望利用电影里的故事，启发学生思考和解决生活与学习中的问题，并适应初一的生活。《别惹蚂蚁》讲了小男孩卢卡斯在变得和蚂蚁一样小之后，在蚁群中适应蚂蚁的生活的故事，这和学生适应初一生活有很大的相似性。因此，把这部电影当作主题型文本就顺理成章了。

第二，像写阅读课教学设计一样写电影课教学设计。

电影课的教学和阅读课一样，有课程目标、课堂导入、教学环节和课后作业，一样都不少。上电影课不是把电影放给学生看就行了，而是要设计好课堂教学的各个环节。

这节课一开始就引导学生关注电影开头和结尾处卢卡斯的变化，激发学生的好奇心，引导他们去探究变化发生的原因。晓琳老师选取了电影中的多个片段，和学生一起欣赏。通过这些片段，学生看到了卢卡斯在蚁群中成长的过程。这就像给课文划分段落、概括段落大意一样。第三部分"找途径"，其实是由具体到抽象，让学生梳理总结从电影中获得的启示，就像提炼课文的主题。最后，晓琳老师还让学生写观影感悟，就像布置学生写读后感。

第三，像平时备课一样，对教学内容大胆取舍。

电影是动态的，比课文复杂得多。即便是《别惹蚂蚁》这样相对简单的儿童卡通电影，其主题的丰富性、人物性格的复杂性和情节设计的曲折巧妙等，也值得仔细探究。面对一篇普通的课文，我们在教学内容的取舍方面尚要踌躇半天，在面对元素更为丰富的电影时，这种取舍就显得更为困难。晓琳老师结合学生的实际情况，选择了引导学生思考如何适应新的学习生活这一主题。这是我们需要学习的。"弱水三千，只取一瓢饮。"这又得回到第一步对电影的分析上。要先确定好电影类型，结合学生实际情况选定教学内容，无关的内容要大胆舍弃。这是最为关键的一步，也是最考验我们的一步。

我原本以为上电影课很容易，自己看一遍，陪着学生看一遍，再引导学生讨论就可以了。看了晓琳老师的课例，我觉得电影课说容易也容易，说不容易也不容易。说容易，是因为只要按照平时上课的教学设计来准备就行了；说不容易，是因为备课过程很艰难。电影内容丰富、主题多元，教师进行教学内容的取舍时也就更加不容易。但是将电影引入课堂，成为课外教学资源，不失为一个很好的做法。

晓琳老师的电影课是一个很好的探索，给我们指明了电影课的正确教学途径，即像上阅读课那样上电影课。按照这样的方法，以后我也能给学生上像样的电影课了。

（刘英丽：北京市第十中学教师，课例曾获北京市首届教师"基本功与智慧"教育教学研究成果一等奖，多篇论文获得市、区级奖项）

【影课延伸】

在适应初中生活的阶段，《别惹蚂蚁》电影课为学生提供了一个放松心情的缓冲空间，帮助学生从思想层面认识、理解适应变化的重要性。下面的课例通过系列活动引导学生体验变化，找到适应初中生活的方法。

变幻的世界

［活动目标］

1. 帮助学生了解进入初中后学习和生活中的各种变化。
2. 教会学生调整心理状态的方法，使他们尽快适应变化。

［活动准备］

制作课件；每人一张A4纸；每小组一个信封，信封内装有拼图；录制"变"字的字形演变视频、学生谈变化的视频。

［活动过程］

一、观影导入

学生观看电影《别惹蚂蚁》中卢卡斯变小后被带进蚁穴的片段，引出本课活动主题——如何适应初中生活。

二、猜字游戏

教师播放"变"字的字形演变视频，学生进行猜字游戏。

学生分享猜字过程中猜不出时的感受、猜出后的感受及看到"变"字的字形演变后产生的想法。

三、盘点变化

1. 听变化

教师播放学生谈变化的视频。视频文字内容如下：

不知从何时起，我发现我在变。我感觉自己不仅变高了、变重了，连思想和心理也在变。有一天，我发觉自己从不爱说话到学会了谈笑风生，从掩嘴轻笑到学会了张嘴大笑；我觉得就连我写的作文，文笔也变得老练了；我发现自己时常跟父母大吵大闹，想控制自己却做不到。我变了，不知道究竟是变好了还是变坏了。

2. 写变化

选用以下四种方式盘点变化：思维导图、九宫格、漫画、小作文。

示例如下：

一位同学采用思维导图的方式，从习惯、学习、生活、体验四个方面盘点自己的变化，如：字写得差了，学习压力变大了，自己房间墙上贴的学习资料多了，自理能力增强了，会做的事情多了。

3. 析变化

将学生列举的变化按照积极和消极两方面进行分类，并引导其思考这些变化意味着什么，以及如何处理消极变化。

四、应对变化

活动一：握手

请学生伸出双手，两手相握，十指相扣，观察哪只手的大拇指在上面；有意识地改变姿势，再一次握手，如原先左手大拇指在上的改为右手大拇指在上。

活动后思考：开始活动时有什么感觉？采用改变后的握手姿势反复握手十次后有什么感觉？

启示：改变会带来一些不适，也会带来心理压力，但努力去适应变化，慢慢地就会有信心应对变化了；要调整心态，接纳变化。

活动二：拼图找家

每个小组一个信封，信封里有一些拼图，学生选择自己喜欢的一个，想象自己就是手中的拼图，想一想在集体生活中有什么感受。然后，小组成员合力拼出一幅完整的图。

游戏规则：每位学生用心参与游戏，体验游戏带来的感受并与大家分享；游戏过程全程保持安静，不能说话；学生手里一直拿着拼图，直到确认小组能完成拼图时，大家再一起放下，并鼓掌示意。

启示：每个人都要积极主动，才能完成拼图。想要适应初中生活，离不开集体的帮助。每个人都是集体中的一员，要积极参与活动，互相帮助。这既是帮助他人，也是帮助自己。

活动三：献计献策

小组讨论适应初中生活的方法。

方法举例：

适应老师的风格：跟上老师的教学节奏，听从老师的学习安排。

学会记笔记：有条理地记下重点，整理错题。

学习时间管理：列计划，规定好固定的时间来完成固定的事情。

掌握学习方法：先预习后听课，先复习后写作业，先分析后答题，先理解后记忆；每周利用双休日对一周所学内容进行整理，每学完一个单元进行一次书面整理，借助思维导图预习、复习。

五、感悟变化

1. **欣赏一段视频《这是一个变化的世界》**

启示：变化是生活的一部分，与时间的流逝一样。我们无法阻止世界的变化，只有接纳变化，才能感受到变化带给我们的乐趣和希望。

2. **教师分享故事**

我十三岁那年的某一天，母亲对我说我们要搬家了。我不愿意，因为我喜欢我的学校、老师和朋友，我闭着眼睛也能找到那条有七彩鹅卵石的小河；而搬家意味着失去这一切，我感到心烦意乱。但是父母还是带着我搬了家，我觉得我的生活失去了往日的欢乐：我没有朋友，整天郁郁寡欢；如果走得太远，会找不到回家的路。母亲对我说："亲爱的孩子，改变了熟悉的生活环境，可能会让你失去一些东西，可是全新的生活也为你带来了一些新的东西，你要多用加法，少用减法。"是的，不久，我又有了新的朋友，虽然我的新家附近没有小河，可是有一片美丽的小树林，那里成了我和朋友们的游戏天堂。我依然会怀念过去，但同时也感觉到了一种新的乐趣。

笑对人生需要多少勇气

——《叫我第一名》课堂实录

【电影简介】

电影《叫我第一名》改编自一个真实的故事。故事主人公布莱德因患有先天性妥瑞氏症而备受折磨。但是他始终乐观向上、默默努力，最终成为一位出色的老师，同时也找到了属于自己的爱情。

【观影背景】

五月，适逢心理健康月。于是，我将心理活动方案确定为观看心理电影。选择电影的时候，偶然看到《叫我第一名》，我被这部电影的内容迷住了。学会接纳自己的缺陷、善待他人的缺陷，正是青春期孩子的必修课。

【观影目标】

接纳自己，尊重他人。

【电影课堂】

一、图说电影

1. 画思维导图

师：请选取相应主题，用思维导图画出自己对电影《叫我第一名》的理解。

思维导图（《叫我第一名》）：

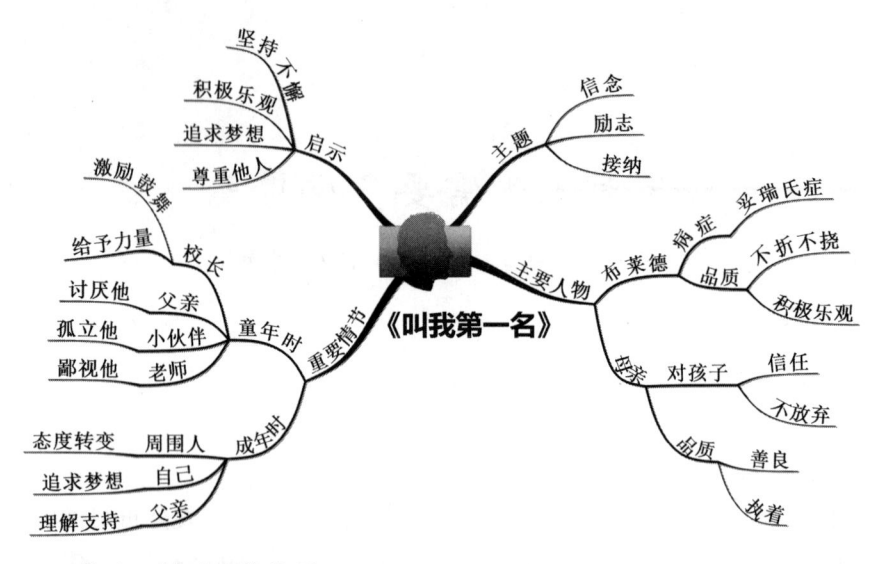

- 启示：坚持不懈、积极乐观、追求梦想、尊重他人
- 主题：信念、励志、接纳
- 主要人物：
  - 布莱德
    - 病症：妥瑞氏症
    - 品质：不折不挠、积极乐观
  - 母亲
    - 对孩子：信任、不放弃
    - 品质：善良、执着
- 重要情节：
  - 童年时：
    - 校长：激励鼓舞、给予力量
    - 父亲：讨厌他
    - 小伙伴：孤立他
    - 老师：鄙视他
  - 成年时：
    - 周围人：态度转变
    - 自己：追求梦想
    - 父亲：理解支持

2. 展示、解说思维导图

生：我的思维导图是通过四个人物来介绍这部电影。主人公布莱德患有妥瑞氏症，在学校受歧视，长大后求职失败共 25 次，最后应聘成功，成为一名教师，并获得最优秀教师奖；他的父亲刚开始嫌弃他、打骂他，后来理解、爱护他，父子情深；他的母亲始终爱护他，带他看病，理解他，关心他，帮助他克服病症，成为教师；有个校长，一开始不理解他，后来鼓励、帮助他。

生：我的思维导图是从情节、人物、主题、启发四个角度展开。情节有布莱德小时候遭到歧视，得到校长的帮助；长大后去应聘，经历 25 次失败，在第 26 次时成功；参加小女孩的葬礼；获得最优秀教师奖。人物有校长、父母、老师、朋友、兄弟。主题是赞扬了主人公永不言弃的精神，从侧面衬托出世人对残疾人士的歧视。启发是不要在意别人异样的眼光，每个人都是平等的，残疾人也有享受生活的权利。

生：我的思维导图是从人物、情节、主题、启示四个方面介绍这部电影的。人物有主人公布莱德，他患有妥瑞氏症，父母离异后，他跟母亲生活，母亲爱他，经常带他去看病。前半段情节说的是布莱德小时候被同学嘲笑、排挤，父亲不喜欢他，老师也讨厌他；校长鼓励他，母亲安慰他；他长大后应聘教师职位，失败 25 次。后半段情节说的是布莱德当教师时，校长喜欢他，学生喜欢他；最后他得到最优秀教师奖。主题是不畏困难、勇于尝试。启示是做人要乐观、勇敢，不歧视别人，要团结友爱。

二、正面表达

1. 说说勇气

师：说说你需要勇气面对什么。

生：面对糟糕的成绩、父母的唠叨和不理解、老师的批评、同学的误解、篮球比赛失利的挫败感、身材相貌的不如意……

师：电影主人公布莱德需要勇气面对什么？

生：无法治愈、终身相伴的疾病。

生：同学的嘲笑、欺侮、殴打。

生：老师的嫌弃、厌恶。

生：不想上学，也没有学校愿意收留他的现实处境。

生：在公共场所受到的歧视。

生：父亲的不理解、不接受。

生：25次应聘被拒的遭遇。

生：想要实现的梦想。

生：一份美好的爱情。

生：成为最棒的教师的理想。

……

2. 观看电影片段

师：校长邀请布莱德参加音乐会，之后和他有一段对话：

"你喜欢发出怪声，让人讨厌你吗？"

"不。"

"那你干吗要这样？"

"因为我有妥瑞氏症。"

"那是什么？"

"我大脑有问题，所以会发出怪声。"

"但你想控制就能控制，对吗？"

"不对，这是一种病。"

"怎么没接受治疗？"

"没有药可以医治。你们不喜欢怪声，我也不喜欢发出怪声。压力大的时候，我的病会更严重，比如，你们不能接受我无法控制自己的时候。大家都接受我，我的病就不会那么严重了。"

"我们能怎么做？我指的是学校里的每一个人。我们能怎么帮你？"

"我只希望大家别用异样的眼光来看我。"

当布莱德回想这一幕的时候，他说："说几句话，教育一下，就像开启了通往全世界的大门。"这个电影片段告诉我们，只要正面表达自己的想法和希望，就有了接纳自己的勇气，也能得到他人的理解。

3. 练习正面表达

师：假设你是布莱德，请用"介绍情况＋表达感受＋说出希望"的正面表达方式，说出自己面对的困境。比如，面对父亲的不理解、不接受，要如何表达？

生：那年夏天，我六岁。在车上，我又一次发出怪声，你忍无可忍，大叫道："够了，请不要再发出怪声，永远不！"我当时惊呆了，没想到爱我的父亲会说出这种话。我很委屈，也很伤心。我希望你能够明白我不是故意的。

生：父亲，在一次打球的时候，我不断地发出怪声，你让我控制住，但是我无法控制。你非常生气，朝我大吼。你还说我的教师梦是无法实现的，让我到工地里去干活。我非常难过。我希望你能够给我多些理解、支持和鼓励，让我有勇气去实现我的梦想。

师：面对老师的责怪，要如何表达？

生：因为我在课堂上总是发出怪声，老师和同学们都用一种奇怪的眼神看我。有一次，老师让我当着全班同学的面保证决不再发出怪声。但我刚做了保证，怪声又不自觉地从我嘴里传了出来。那一刻，我很悲哀，也很无奈。希望老师能够明白我的这些行为不是故意的，而是不可控制的疾病造成的。

师：面对不能正常上学的局面，要如何表达？

生：我上课的时候会忍不住发出怪声，导致大家哈哈大笑。老师禁止我发出怪声，但我还是没忍住。老师很生气，让我去校长室。校长认为我不能继续上学。我不是故意的，我也讨厌怪声，但我无法控制自己，这是一种不能治愈的病。我对自己也很生气，又不知道要怎样做。我希望大家不要再嘲笑我，那样我会放松很多。

师：面对每次面试都因为疾病不能通过的状况，要如何表达？

生：每次面试，我都会因为妥瑞氏症而遭到拒绝。我很气愤，气得想砸东西。我也不明白，为什么大家只盯着我的病，却不看我取得的成绩。我希望大家能忽略我的疾病，多了解我，发现我的长处，给我机会，让我证明自己是一个好老师。

师：面对家长的不理解、不认可，要如何表达？

生：当我走进学校时，您和校长站在我面前。校长说您希望孩子的老师是个正常人，我能够理解，但同时也很受伤。我希望您能看到自己的孩子有多么喜欢我，她在门外眼巴巴地盼着我上课；希望您能看到我对待教学和孩子们是多么用心，能对我多一些理解，而不是只关注我的疾病。

三、学会尊重

师：假设你是布莱德的同学或者学生，请以"我有一个怪同学"或"我有一个怪老师"为话题，说出你想表达的内容。

生：在每个班级里，总会有那么一两个奇怪的同学，不过我相信大家遇到的怪同学一定比不上我们班那个。他每次上课的时候都会发出奇怪的声音，引得同学们哈哈大笑，并引来老师的一顿臭骂。说心里话，我很同情他，尽管他每次上课都会影响大家。他是转学生。我听传言说，他之前的班上，有几个男生找他打架。在操场上，很多人呼号着，一起欺负他。他的班主任来了，他想解释，但是老师根本就不想听，认为他要对这件事情负责，因此，他才转到我们学校。有一次，他在课堂上发出的怪声音让老师忍无可忍，告到了校长那里，校长却请他参加音乐会。在音乐会上，他尽力保持安静，但还是发出了奇怪的声音。校长请他上台，让他告诉大家为什么会这样，大家该怎么帮助他。他表达了自己的心声，赢得了全校老师和同学的掌声。

生：我有一个怪同学，这个怪不是外貌上的怪，而是他总是发出怪声音。他时常控制不住自己，发出让人难以理解的声音，做出让人难以理解的动作。他在课堂上经常这样，每次都招来同学们的嘲笑，还经常挨老师骂，校长也管不了。大家都认为他是故意的。为了让自己不再发出声音，他只好咬着铅笔，但咬断了好几根也没有用。在教室里受尽歧视的他，在棒球场上却判若两人，因为在那里谁都不会在意他的怪声音和怪动作，他的球技才是伙伴们最为崇拜的。他带着团队赢得一次又一次胜利。在我看来，同学们对他是有偏见的。对他有偏见的还有他的爸爸。他的爸妈离婚了，爸爸一直以为他是因此而故意发出怪声音的，于是一直责骂他。后来，他的妈妈在一本书中看到和儿子一模一样的症状，才知道这原来是一种病，叫妥瑞氏症，并且无法治愈。妈妈告诉了爸爸，爸爸这才认识到自己的错误，对儿子产生愧疚之情。听说这个同学后来当了老师，还成了最优秀的教师。在我看来，他实现自己梦想的很大一部分力量来自妈妈的支持，此外还有他自己的努力。我要学习他这种努力拼搏的精神。

生：我的学校有一位老师，前几天被评为最优秀教师，我们叫他"波波"。波波老师很优秀，我和同学们都很喜欢上他的课。他在教室里养了一只兔子。第一次见面时，汤姆斯称波波老师为"怪咖"，波波老师说："在我的课上不允许骂人哦！"他非常和蔼可亲，带着我们观看红色的大卡车。卡车很漂亮，我们都非常喜欢。苏珊的爸爸非常害怕波波老师会影响苏珊的学习，把她转到了其他班级，但我们经常看见苏珊站在我们班外面的小窗户边，偷看我们学习。我们都替她感到惋惜。波波老师有妥瑞氏症，经常发出怪声音，但我们根本不在意，因为它让波波老师变得更加坚强，并且有了做老师的梦想。我甚至要感谢它，因为如果没有它，或许我就不会遇到这样一个怪老师了。

生：今天是我上小学二年级的第一天，听说我们的老师很怪，我很想知道这是为什么。进入教室，我就感到一股暖流涌上心头。这儿有精心装饰的黑板，有各种各样的欢迎词，还有一只引人注目的可爱小兔子。但这些都不能减少我们对老师的关注。我们对老师的怪动作感到好奇。他看到我们，并没有急着上课，而是先让我们了解妥瑞氏症。慢慢地，我们彼此熟悉起来。他的教学方式也很怪，用很多我们想不到的方法吸引我们注意。我们的课堂总是充满了开心的笑声。一天，他把课堂搬到了室外，让我们观察大卡车。尽管老师会不时地发出一些奇怪的声音，但我们还是被他的精神感动了。那天，老师被评为最优秀教师，获得了奖杯，一个同学说："你可以把它带来给我们上课吗？""当然可以。"他开心地说。从这个怪老师身上，我明白了一个道理：有时候努力一下，奇迹真的会发生。

四、冥想练习

师：这部影片带给我们两方面的思考。一是我们应该如何对待他人，二是我们应该如何对待自己。归结起来，最重要的还是如何对待自己。如果我们不管处于什么样的境遇，都能够接纳自己，那自然也能善待他人。下面，我们做一个冥想练习，请大家闭上眼睛，找个舒服的姿势坐好，深呼吸，一起冥想——

我们来到这个世界以后，甚至在来到这个世界以前，周围可能就有很多声音在说：你是不受欢迎的，你令人讨厌，没人喜欢你，你太让人失望了，你是坏孩子，你比别人差远了，你真笨，你真丑，你真可笑，你真烦人，你懂什么？有时低如私语，有时震耳欲聋。我们小小的心灵并不理解这是为什么，以为自己真的不好⋯⋯为了生存和保护自尊，我们不知不觉地采用了很多方法，比如随时保持微笑、委屈自己成全别人、据理力争、反过来指责别人、对自己愤怒、假装不在乎、故作坚强、忘掉自己的感觉、远离人群、回避问题、把自己的真实感受悄悄藏起来⋯⋯当我们长大以后，这些方法就好像已经穿不下的衣服，紧紧地束缚着我们，使生命不能伸展，给自己和他人带来痛苦。此刻，你能否回忆起某个时候，也许就在昨天，你感到紧张、有压力，而这种感觉，也许源自别人流露出的不满、失望或指责，也可能是你在生自己的气而造成的。或许，你还能回忆起当时那份压抑的感觉，请细细体会这种感觉，谢谢它带给你的信息。然后，让它随着你的呼吸，慢慢消散不见……现在，请欣赏自己，对自己说：我爱你，我珍惜你，你是生命力的体现，你的本质是纯洁的，你美好、聪慧、乐观、善良……你是独一无二的存在，你理应得到尊重。你有足够的力量和智慧，去清除那些关于被拒绝和被排斥的信息；你有足够的力量和勇气，去处理那些需要改变的行为。我爱你，我珍惜你……

【学生观感】

杨博涵： 显然，这部电影诠释了爱的力量。主人公布莱德是一个天生活泼好动、幽默风趣的小男孩，但他从小就患有一种罕见的疾病——妥瑞氏症。这种病使他的神经出现错乱，给大脑传导错误的信号，使他常常发出怪声，嘴部抽搐。他小时候，周围所有人都不知道这个病，只知道他是个常发出怪声、惹人讨厌的捣蛋鬼。他受到同学的歧视、路人的憎恶、老师的驱逐、父亲的威胁。这让他伤心、难过、迷惑不解、十分无助。后来，当真相浮出水面，他得到了很多人的谅解，并在母亲不断的鼓励下树立了信心。音乐会上，校长的一番话和雷鸣般的掌声，在他心里种下了一颗种子。他暗暗发誓，一定要成为一个像校长那样的好教师。他长大后，为了梦想而努力，屡次碰壁，却越挫越勇，最终成为一名教师。他与南希谈恋爱，并获得最优秀教师奖。他经历了磨难，取得了最后的成功。

布莱德从小被别人嘲讽，就连父亲也经常狰狞地朝他咆哮。但母亲相信他，为了查清楚布莱德的问题，她不顾辛劳，买了几本厚厚的医学书籍，夜以继日地钻研，最终找到了妥瑞氏病的病症。他的母亲离了婚，情绪并不好，处境也很糟糕，但从未放弃他。我想，爱和信任的力量是伟大的，正因为有了母爱，布莱德才变得更加坚强；爱的支持让人可以披荆斩棘，有勇气面对任何困难。

布莱德的父亲在工地上班，性格暴躁，曾在布莱德小时候大声粗暴地呵斥他。但父亲其实很爱他。布莱德长大成人后，父亲为了让他免受被拒绝的痛苦，多次邀请他到工地上班；听说布莱德因为参加研究生考试而受了委屈，一句"我要告你们"隐藏了多少父爱；听说布莱德所教的班级缺书架，他立马到班里亲手打造。只不过，父爱常常是以严厉的、不被孩子理解的方式呈现，不管是电影里还是生活中，都是如此。

除了父母之外，布莱德还得到了很多人的关爱，比如小时候遇到的校长、弟弟、女友南希等。他们不在乎布莱德的"朋友"（妥瑞氏症），包容、鼓励布莱德，陪伴着他成长。

刘艺涵：有人曾说："当你决定要向前迈进的那一刻，你就已经踏出了前进的一步。"布莱德从小就想做一名教师，因为校长的激励让他觉得，当一个明智、有思想，能理解、会引导学生的教师是一个非常不错的选择。他有一个"好朋友"妥瑞氏症，它让他无法集中精力去学习，无法通过一次又一次考试，无法去做一件又一件他觉得很重要的事情。发病时，他会不停地抽搐，无论如何也无法停止。

关于布莱德的"好朋友"，他身边的人表现各不相同。父亲的暴躁曾一度让小布莱德感到不知所措。对此小布莱德说："这并不能怪他，我的病症已经完全把他搞疯了。"我无法想象一个孩子是以何种心态说出这句话的。不过，他的父亲并非不爱他。父亲曾因布莱德受委屈而极为霸气地说："我要去告他们。"这让布莱德觉得父亲的爱并未走远。母亲给予的爱就更多了，她对于他的"好朋友"没有表现出任何厌恶，为他换了多所学校，找了多个医生，努力找出病症的根源。找到它并消灭它，就是她的愿望。她为儿子付出了太多，这说明了母爱的伟大。但我最喜欢、最佩服的还是一个路人。有一次，布莱德和他的弟弟一起去打高尔夫球，但是管理员坚持让他们离开。因为布莱德的症状已经影响到其他人。只有一个人摆摆手，想邀请他们一起来打高尔夫球，还坚持说布莱德与正常人没什么两样。这让布莱德感到，这个世界并非是冰冷的、无情的。

"不管夜晚多么黑暗，黎明总会到来。"在布莱德的不懈努力下，他当上了教师。其实，我们每一个人都在命运之湖上荡舟划桨，即使我们暂时迷失了方向，波浪也终会指引我们划向曙光。

【教者说课】

　　不知道是否因为年龄渐长而修炼出了好心态，面对一些问题学生时，我不再暴跳如雷，不再失望叹息，而是常常感到心疼，感到他们也不容易。他们虽然没有像布莱德那样患病，但因为学习、外貌、智商、情商、口音等问题，招来同伴、家长的厌烦和鄙视，甚至连他们自己都讨厌自己。这是他们成长的烦恼。我在想，要怎么做才能帮到他们，让他们强大起来，应对这些成长的烦恼？电影课是我能想到的帮助他们的一种途径。这节《叫我第一名》电影课，就引导学生思考如何尊重和理解他人。

　　真正尊重和理解他人，很难；得到他人的尊重和理解，更难。我没有期望用一节电影课就让学生学会尊重他人、接纳自己，但我希望他们能从这部电影中看到布莱德的崩溃、无助、努力、坚持，看到这个世界还有那么多善良的、愿意理解和帮助他人的人，并在他们心中播下尊重的种子，让它慢慢生根、发芽、开花、结果。他们在改变自己的同时，也影响着其他人，让更多人学会尊重、理解、接纳。

【影课评点】

打通课堂壁垒　守望生命成长

王红枚

　　近些年来，中小学生的心理健康问题常常引发关注。郝晓琳老师的这节电影课，以心理健康活动月为契机，以心理电影为载体，用练习正面表达的方式来唤醒学生的自我认知，使其联结自我与他人。课堂在感知、融入、表达的过程中，引导学生接纳自己、尊重他人。

　　一、巧用契机，"忽逢桃花林"

　　教师备课，一般情况下都是先有明确的教学目标，再去寻找达成目标的有效途径；而郝老师的这堂电影课，似乎是在"忽逢桃花林"的惊喜中孕育出来的。她"胸中有丘壑",用智慧将课堂与生活连接在一起。

王君老师说:"'青春语文'的核心理念是打通教法和活法,由此帮助学生打通读法和活法。"郝老师巧借心理健康月的活动把电影带进课堂,真正践行"青春语文"的核心理念。生活与课堂自然联结,生命就会在课堂上拔节向上。

二、思维导图,"更上一层楼"

把电影带进课堂的目的是发挥其育人功能。郝老师通过画、说思维导图这两个路径来达成这一目标。在画思维导图的过程中,学生对布莱德、父亲、母亲、校长等人物进行分析,从"人物、情节、主题、启示"等方面阐述自己的理解。整个过程中,学生都积极参与、思考并作出反馈。在解说思维导图的过程中,学生经过思维碰撞,产生了更多思维火花。

三、正面表达,"润物细无声"

1. 笑对人生之勇气

郝老师让学生说说自己在生活中需要有勇气面对什么,影片中的主人公需要有勇气面对什么。在自我与影片主人公的彼此"诉说"中,学生认识自我、关注他人,明白了"人生不如意事十之八九"。

2. 笑对人生之方法

当学生认识到每个人在生活中都会遭遇各种未知的时候,郝老师让学生看电影中校长和布莱德在音乐会后的对话,并探究对话的深层含义。布莱德说的"说几句话,教育一下,就像开启了通往全世界的大门",让学生明白"只要正面表达自己的想法和希望,就有了接纳自己的勇气,也能得到他人的理解"。

3. 正面表达我来说

"授之以鱼不如授之以渔",郝老师不仅给出了"药方",还给出了具体的"制药步骤",设计了练习环节——用"介绍情况+表达感受+说出希望"的正面表达方式说出布莱德面临的困境。学生以布莱德的身份表达感受,寻找走出困境的道路。

4. 在表达中学会尊重

57

如果学会正面表达是为了接纳任何情况下的自我生命状态，那学会尊重就是"推己及人"的仁爱。一个悦纳自己的人，也一定可以善待他人。郝老师设计了这样一个环节：以"我有一个怪同学"或"我有一个怪老师"为话题，说出想表达的内容。学生设身处地地表达感受，认识自我，学会尊重。

一节电影课的能量也许很小，无法达到理想的效果，但只要每一位教师都有郝老师的意识——勾连五彩生活、打通课堂壁垒、守望生命成长，相信每一个学生都可以幸福成长。

希望我的课堂也能如此，我愿为此而努力！

（王红枚：重庆市渝中区石油路小学教师，曾获重庆市奉节县中学语文赛课一等奖、渝中区优秀德育工作者称号、渝中区小学语文赛课二等奖）

【影课延伸】

相互尊重对于建立班级和学校团体是很有必要的。《叫我第一名》电影课帮助学生理解相互尊重的两个方面：尊重自己和尊重他人。下面的课例通过选择动物等活动让学生体验、感受个体的差异并学会尊重差异。

外面是丛林

［活动目标］

1. 认识差异。
2. 学会尊重差异。

［活动准备］

制作课件；每组一张海报纸、一盒彩笔。

［活动过程］

一、观影导入

观看影片《叫我第一名》中布莱德被同学嘲笑、排挤的片段，引入本课主题——如何尊重差异。

二、热身活动"围圈与致谢"

学生以最快的速度，安静有序地在教室里围成圆圈，并向相邻的同学致谢。致谢格式为"（名字）＋谢谢你＋原因"。

示例：

(1) 某某同学谢谢你，在你写作业时，我向你借笔，你借给了我。

（回应）我也谢谢你，看你那么急着用，我也替你着急，就借给你了。

(2) 某某同学谢谢你，你给我讲解题目。

（回应）我也谢谢你，在给你讲解的过程中我也巩固了知识。

(3) 某某同学谢谢你，你在开学第一周每天绕远路陪我同行。

（回应）我也谢谢你，能和你一起同行，我也很开心。

三、"选择动物"游戏

1. 选动物

如果你可以选择成为一种动物，在丛林里度过一天，你会选择哪一种？

在纸上填写：我选择（　　），因为（　　　）。

如果让你选择成为狮子、老鹰、变色龙、乌龟四种动物中的一种，你会选择哪一种？

在纸上填写：我选择（　　），因为（　　　）。

2. 分组做任务

选择相同动物的同学坐在一起，完成下列任务。

要求：在海报上写出想成为某种动物的原因，以及不想成为其他动物的原因；每组学生代表站到教室前面，向大家展示海报，并分享其中内容；展示过后，把海报张贴在教室前方。

分享示例：

我们想成为狮子的原因是，狮子是丛林之王，很威风；是成群的动物，能互相帮助；狮子受到尊重。不想成为变色龙是因为它太弱小，没有攻击力；不想成为老鹰是因为它们会互相残杀，攻击弱小动物；不想成为乌龟是因为它遇到危险只会躲避。

3. **反思与启发**

思考：听了各小组的分享后，大家有什么发现？当听到自己所选动物的负面评价时，你有什么想法？这些观点有对错之分吗？

启示：每个人都有自己的想法；我们喜欢的，其他人未必喜欢；我们喜欢的理由也可能是他人讨厌的理由；这只是认知不同，没有对错之分。

四、深层探究

1. **思考下列问题**

（1）如果我们都选择相同的动物，那班级会成为什么样子？

（2）当有人评论你选的动物的时候，你是怎样的感受？

（3）如果每个人的想法都一样，班上会是什么样子？有什么好处，有什么坏处？

（4）我们的长相不同、感受不同，甚至每天早上从不同的地方来，这些对我们意味着什么？

（5）差异对我们的班级以及我们的学习生活有什么好处？

（6）我们如何能更好地了解彼此，更深入地了解我们是如何看待世界的？

启示：认识到人与人之间是有差异的，也清楚了差异能带来好处，我们才能学会尊重差异。

2. **看古今中外名人如何看待差异**

教师展示资料：

（1）孔子说："君子和而不同。"君子在人际交往中能够与他人保持一种和谐友善的关系，但在对具体问题的看法上不必与他人相同。

（2）周国平："如果说'己所不欲，勿施于人'是一个文明人的起码品德，它反对的是对他人的故意伤害，主张自己活也让别人活。那么，'己所欲，勿施于人'便是一个文明人的高级修养，它尊重的是他人的独立人格和精神自由，进而提倡自己按自己的方式活，也让别人按别人的方式活。"尊重他人的不同，是高层次的修养。

（3）杨绛在《我们仨》里透露，她与钱锺书的相处之道就是"各持异议，不必相同"。接纳对方的不同是和平相处的唯一秘诀。

（4）法国启蒙思想家、文学家、哲学家伏尔泰说："我不同意你说的话，但我誓死捍卫你说话的权利。"

3. **重新分组**

寻找和自己所选动物不同的伙伴组成小组，并对同伴说："我是（所选动物），很高兴成为你的伙伴。"

启示：我们每个人通过自己的生活经历构建对世界的理解，没有任何人关于这个世界的理解是完全正确的；从认识到尊重，我们还有很长的路要走，请尽力做到允许自己按照自己的方式活，也允许别人按照别人的方式活。

消除偏见，让不可能成为可能

——《疯狂动物城》课堂实录

【影片介绍】

在所有动物和平共处的动物城中，主人公兔子朱迪从小梦想成为一名优秀的警官。她经过了艰苦的训练，成功地从警校毕业，成为第一只小型食草类动物警官。她在他人的排挤打击中努力证明自己，最终实现了当一名优秀警官的梦想。

【观影背景】

观看《疯狂动物城》的时间是初二下学期。这学期，学生会经历地理会考。这会给他们带来一些压力。因此，我希望这部影片能鼓励他们、激发他们的斗志，促使他们大胆尝试，让不可能变为可能。

【观影目标】

1. 正确面对自身局限。
2. 消除偏见，坚信自己有无限可能。

【电影课堂】

一、概述故事

师：看完这部电影，你会想到哪些词？

生：尝试、梦想、信任、坚持、合作……

师：请选用其中一个词语，讲述《疯狂动物城》中的故事。

生：尝试。所有动物都觉得兔子不可能成为警察，但朱迪并没有因此而

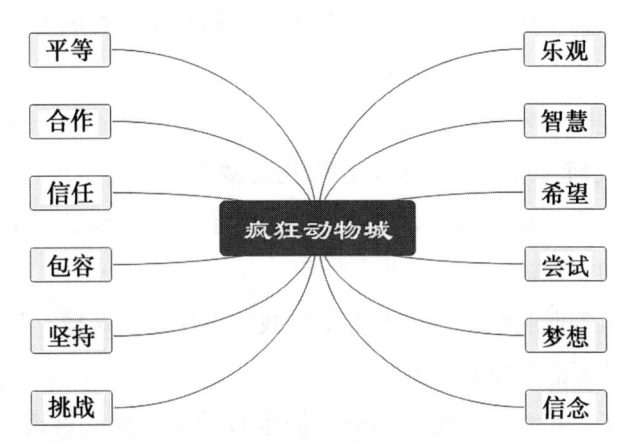

```
        平等                    乐观
        合作                    智慧
        信任     疯狂动物城      希望
        包容                    尝试
        坚持                    梦想
        挑战                    信念
```

放弃。她勇于尝试，最终成为一名优秀的警察。

生：梦想。兔子朱迪为了实现自己的梦想而不懈努力，虽然在这个过程中发生了一些惊心动魄的事，但她结识了一群朋友，最终在朋友们的帮助下颠覆了兔子不可能当警察的偏见。

生：信任。朱迪从小就想当一名警察，经过努力，她梦想成真。在查案的过程中，她认识了一只名叫尼克的狐狸。他们最初相互不信任，最后相互信任，共同破了一桩大案。

生：坚持。兔子朱迪有个当警察的梦想。她坚持不懈地努力，最后通过测试，成为一名警察。她不甘心只做交通协管员，主动要求破案，并且坚持去找线索。即使受挫，她也没有放弃，最终破了案子，成了一名真正的警察。

生：合作。朱迪警官刚开始对尼克抱有偏见，强迫尼克帮她查案。后来两人互相信赖，精诚合作，破了一桩大案，揭穿了动物城邪恶势力的骗局。最终两人都成了真正的警察。

二、补充内容

师：朱迪立志实现自己当警察的梦想，可是遭遇重重困难。第一个困难就是怎么通过警察资格培训考试。影片对这一部分采用快进加留白的方式，我们现在试着放慢影片节奏，补充主人公朱迪的心理活动——

当所有的科目都以惨败收场，耳畔传来教练的喊叫："你死了，朱迪；你死了，朱迪……"朱迪心里会怎么想？

生：所有人都不相信我能成为一名警察，那我偏偏要成为一名警察给他们看看，我不能放弃，我得坚持下去。

生：我不能让大家看不起我，我要让大家知道我是一名合格的警察。我要努力！如果我回家继续种胡萝卜，那我的梦想就无法实现。我不能回去，我要成为一名警察！现在没人理解我，我也没有伙伴，谁都帮不了我，我只能靠自己。努力，加油！

生：每个人都讽刺我！每个人都嘲笑我！为什么会这样？我就只能回家种胡萝卜吗？我不想！我要努力！

生：我败了，我败了，我真的应该回家种胡萝卜吗？难道我要放弃吗？不，我努力了这么久，不就是为了实现梦想吗？难道我要放弃吗？我该怎么办？

三、探讨主题

师：筹划这部电影时，导演是这样解释的："我们要讲一个关于偏见的故事。"今天我们就用"偏见"这个关键词，探讨动物城中的动物们是如何颠覆世俗偏见、实现逆袭的。

1. 兔子朱迪在偏见中逆袭

师：朱迪遇到了哪些偏见？

生：爸爸妈妈的偏见——幸福就是知足常乐，不尝试新的事物就绝不会失败；想让世界更加美好，做个种胡萝卜的农民就好了；成为警官非常难，甚至是不可能的；从来没有兔子做过警察……

生：同村狐狸吉迪恩的偏见——"兔子能当警察吗？别忘了自己就是只种胡萝卜的蠢兔子。"

生：牛局长的偏见——"有些新人，我就不介绍了，因为我不在乎。"

生：尼克的偏见——"你肯定是从遍地胡萝卜的屯里来的吧？天真的小山妞成绩好、有理想，就觉得自己要去动物城，食肉和食草动物要和平相处……梦想很快就会破灭，身体和精神都会消沉……你做不了真正的警察……"

师：那朱迪是如何逆袭的？

生：在父母和朋友们的偏见中，朱迪以第一名的成绩从警察学校毕业。

生：在偏见中，朱迪从一名交通协警，成长为一个侦破大案的著名警官。

生：在食草动物对食肉动物的偏见中，朱迪从厌恶、恐惧狐狸尼克到接受并理解他，最终和他成为朋友。

师：是啊，面对偏见，朱迪无视他人，以自己的努力实现逆袭。

2. 狐狸尼克在偏见中逆袭

师：狐狸尼克遇到了哪些偏见？

生：童年伙伴的偏见——因为大家认为食肉动物会咬别人，尼克被套上口罩。

生：大象的偏见——"大白天的，出来瞎晃什么呢？"

生：朱迪的偏见——她随身携带防狐喷雾。

生：羊的偏见——尼克想摸羊副市长的头发时，羊副市长说羊是从来都不会让他靠近的，因为狐狸是羊最大的敌人。

师：尼克如何逆袭？

生：面对偏见，尼克最初选择顺从。他隐藏内心的期望，不让别人知道他们对他的影响。遇到兔子朱迪后，朱迪的信任让他的心渐渐温暖起来。朱迪对他的欣赏和理解最终获得了他的信任。在各种偏见中，尼克成长为一个受人尊敬、令人信任的好警官。

3. **其他动物在偏见中逆袭**

师：还有其他动物在偏见中逆袭吗？

生：鼩鼱——身材娇小却是动物城教父级人物。

生：大象——体形庞大，却是热爱运动的灵活的瑜伽教练。

生：豹警官——看似刻板冷漠，却是一个爱吃甜甜圈的超萌警官。

生：牦牛——总觉得自己记忆力很差，却展示了超强的记忆力。

生：树懒——行动超级缓慢，却是个飙车高手。

4. **我们对自己的偏见**

师：我一直认为自己记忆力差，到了现在这个年龄，记忆力只会更差，参加考试几乎是不可能的事情。但是就在去年，老师突破了这种偏见，通过了国家二级心理咨询师的考试,也算是一次逆袭吧。

生:不管我怎样练习,体育都不会及格。

生:不管我怎么努力,数学都拿不到高分。

生:无论我做得多么好,都不会得到父亲的认可。

生:无论我怎么练习,我的引体向上都做不了几个。

生:无论我怎么努力,地理都过不了 80 分。

生:我认为自己的反应比别人慢。

生:我觉得自己不漂亮。

……

师:动物城的动物从偏见中逆袭的故事告诉我们:偏见的存在是一种社会现象,我们无法改变;但我们可以笑对偏见,勇敢地做最好的自己。要坚信每个人都有无限可能。老师将和大家一起努力,从偏见中走出来。

【学生观感】

鲁潇客:影片中,朱迪年幼时认为动物城是美好的、和平的、充满希望的。她一直充满希望,坚信每个动物都有无限可能,关键在于敢不敢"尝试一切"。动物城中的每一个动物都代表一类人。朱迪是追梦人的代表。她从警察学校毕业后,在工作岗位上被人轻视,常常遭到讽刺,但她"不死心",一直努力证明自己。在侦破"午夜嚎叫"案子后,她成了动物城家喻户晓的英雄。狐狸尼克小时候参加童子军时被迫戴上嘴套,和朱迪一样被歧视、受尽屈辱。后来,他以特殊的身份帮助了朱迪,并成了一名警察。"尝试一切"贯穿整个《疯狂动物城》。朱迪和尼克在尝试之后一直坚持了下去,而许多人只是"尝试"而已。梦想总是引导着我们的行动。朱迪的梦想就是成为一名警察,让世界更加美好。她行动了,也做到了。

李泺墒:在这个故事中,朱迪遇到了许多困难,但她没有放弃,一直坚持走自己的路,把许多不可能变成了可能。她不但打破了兔子不能当警察的偏见,而且成了一名优秀的警察。连牛警官以及其他老警察都不能完成的任务,她用 48 小时就完成了,并把一只本来对这个世界失去信心的狐狸变成了充满自信的警察，和他交上了朋友……

看完影片，我学到了很多。人的一生会经历很多事情，不能因为恐惧就不去尝试。只要你有信心、坚持不懈，没有什么是不可能的。就像考试，我一直觉得自己不可能考到 700 分，现在我认为这是因为我没有做好准备、内心很浮躁，如果我能弥补不足，700 分这个不可能会变为可能。

鲍蕾：动物警察局内都是庞大、勇猛、杀伤力强的动物。所有动物都认为只有这些动物才能保护他们，没人认为一只弱小的兔子可以当警察。但兔子朱迪的梦想就是当警察、保护大家，她因此备受嘲笑。在这样的现实环境下，朱迪勇于尝试，别的弱小动物可能当个交警就满足了，但朱迪不服气，她要成为一个办大案的警察。她的这一梦想支撑着她一步步走下去。

朱迪结交了第一个食肉动物朋友尼克，不害怕被他吃掉。和尼克侦破一件大案时，她发现自己的上司也有罪，对此，她毫无畏惧，破了这件大案。这足以说明她内心有强大的力量。最后，朱迪和尼克成了优秀的警察，受到了市民的赞扬。创造更美好的世界需要朱迪和她的同伴们继续努力，她会一直为这个理想而奋斗。

成功或许离你只有一步之遥，你要敢于挑战、永不言弃，这样梦想才有可能实现。

【教者说课】

每个人都有无限可能

—

《疯狂动物城》，我百看不厌。

一身豪气的兔子朱迪，看起来满身痞气却真诚善良的狐狸尼克，还有动物城形态各异、调皮可爱的动物们，都给我留下深刻的印象。每个场景都吸引人的眼球，每个画面都不舍得错过；每一次观看都会满心愉悦，每一次讨论都是热火朝天。

当欢快的主题曲响起，我建议同学们站起来，闭上眼睛，跟随节拍随意舞动，让身体放松，让心灵观照当下。而我，看着这些充满朝气的稚嫩脸庞，心里反复念叨着"每个人都有无限可能""每个人都有无限可能"……

是的，每个人都有无限可能。

二

我的 QQ 好友中，有个往届的学生，我从她的空间里看到了一份非常漂亮的高考成绩单。她参加的是春季高考，成绩超出所报专业本科线 29 分。

这个女孩刚升入初中的时候，一切表现都很好，就是性格有些内向，平时不大和其他同学来往。渐渐地，她的学习开始出现问题，作业做不完，小考不及格。老师们开始请家长来了解情况，让家长帮忙督促检查。没想到，情况竟然越来越糟。女孩家离姥姥家近，因此她几乎是姥姥带大的，和姥姥的感情特别深。升入初中后，由于成绩下降，女孩妈妈便要求女孩回家住，并督促她学习。

女孩开始和妈妈抗争，不回姥姥家就不写作业。结果是姥姥每晚到女孩家陪着写作业，然后再回去睡觉。后来，女孩写作业时就开始磨蹭，妈妈越催促就越磨蹭。后来甚至出现一些强迫症的症状，比如不准妈妈动她的东西、不准妈妈碰她、反复洗手……

因为这些状况，老师们便不再对她的学习提什么要求了。初中毕业后，她去了职业学校。后来，我发现她慢慢地变了，变得开朗、上进、有生活情趣。于是，我跟她说起我的困惑，她给我回了一封信：

初中时的一些状况，使我在那段日子里十分难过。那时的我太任性，太注重自我，不关心周围的人和事物，在学习上比较懒散。母亲对我的管教比较严格，我很不习惯，再加上到了青春期，开始叛逆，我总是做出一些不正常的事情。全家人都为我着急。父亲带我去医院，医生说我可能有强迫症，说要吃药，还要自我约束。我从那时开始要求自己不再胡思乱想，为了家人，为了自己的前程，我要自强。我约束自己，取得了一些成绩，让家人高兴起来了，也为自己的人生找到了方向。我的压力渐渐减轻了，心情好了许多。

最后，我成了现在的我，对生活充满希望。

我在职业学校学习，每年都成绩优异。我积极参加学校组织的各项活动，每次都有较好的表现，家里人都为我高兴，我也为自己高兴。感谢这样的改变，现在的我，成绩在年级名列前茅，是同学眼里的学霸、父母眼里的好孩子，我得到了以前没有的自信。我会继续努力，为将来创出一片天地。

我敬佩她对自己的不放弃。她让我看到了一个人的无限可能。祝福她！

三

我为一个女孩的成长感到欣喜，同时对另一个男孩抱有深深的歉意。

那一年，我教初一，担任班主任。我很爱我的学生，尽管他们有时很顽劣。那个男孩比其他同学都显得成熟。他说话不多，但对老师很有礼貌。下课时，他会把讲桌上的讲义送到老师办公室或老师下节课要去的另一个班级。但是不知为什么，他的学习积极性不高，成绩一直在倒数十名左右。我曾问他为什么成绩一直无法提高，他说就是学不进去，也学不会。有一次我对他说，其实考大学不是人生的唯一出路，实在不行还可以到职业学校去学习一门技术，有了一技之长，照样可以过得很好。这句话看起来没错，但是现在想来，对初一的学生说这样的话，其实是不合适的。这些话会让他有这样的想法："看，老师都认为我不是学习的料，那我就不用努力了，我就混到毕业去学技术。"还有一个情况我当时不了解：他的父亲希望他考大学，把全部希望都寄托在他身上，因此对他非常严格。我的话无疑在他们父子之间埋下了一枚炸弹。

他的父亲对他的成绩不满意，逼他学习，而他对自己越来越没有信心，成绩越来越糟糕，与父亲的矛盾也越来越深。到初二下学期，他开始逃学去网吧，甚至离家出走。最后，离暑假还有一个月时，他退学了，没有参加中考、高考。

其实，在初一时，他曾努力过。那是期中考试前一周，他每节课搬个板凳坐在讲桌旁边复习，他说这样不会走神。那几天，他真的很努力。那次期中考试，他终于前进了四名，可我还是把他的努力给忽略了。没有人给他希望，包括我。因此，他彻底放弃了……

如果我能早一点明白，就不会对那个男孩说出那些话。我会给他一个信念，一个支撑他努力下去的信念：只要勇于尝试，每个人都有无限可能！

【影课评点】

创造生命成长的奇迹

徐方方

电影是巨大的教学资源库，尤其是经典电影，对人的影响不亚于经典名著。但真的把电影课上得扎实的人少之又少。善于创新的晓琳老师，几年前就开始扎扎实实地探索研究，在学生的心灵和电影之间架起一座桥梁，让电影中丰富可贵的营养元素，自然而然地流入学生心灵，滋养他们。若干年后，学生们一定还记得这一堂堂让他们难忘的电影课。

给学生讲道理，很多时候是很难的，他们总觉得那些人生道理都是老生常谈，听得多了，自然厌烦。别人总结的东西不容易用在自己身上，除非感同身受。电影中的画面、情节容易触动学生的内心，可能一个细节就让他们一下子想通了，自己想通的道理才是真正能用的道理。老师带领学生欣赏电影的过程，也是带领他们一步步认识自我、发现自我、突破自我的过程。

晓琳老师的这节电影课有三大特色：

一、把握学情，精准定位

一部电影包含的元素非常多，可以欣赏、讲解的东西也非常多。只有对学生的年龄特点和心理特点有深入的把握，才能确定从哪一个角度入手欣赏电影。同一部影片在不同的心境下、在不同的年龄段来欣赏，人们关注和思考的东西会有不同。比如，现在我作为家长来看《疯狂动物城》，思考的是父母怎样给孩子尝试一切的勇气，孩子遇到挫折时怎么给他帮助，给他继续前行的力量。晓琳老师在设计课例之前，先把握学情，了解到学生虽有梦想，但遇到困难时比较迷茫，缺乏坚持下去的勇气，很容易受外在评价的影响。

认识自己、突破自身的局限、有坚持梦想的勇气，这正是初中阶段学生需要的。这节电影课的内容正好契合了学生的心理需求，学生产生强烈的共鸣，因而自由地吐露心声。

二、铺设阶梯，自然巧妙

学生喜欢电影，但未必能深入思考。晓琳老师提出的三个主问题，就像学生心灵之路上的三个梯子，概述故事、补充内容、探讨主题，由浅入深，由表及里，一步步走进电影深处，也一步步走进学生内心。每一个环节都指向学生的内在审视。比如，第一步，概括电影的故事情节，晓琳老师先让学生用一个词语概括自己的印象，再围绕这个词语来概括故事。这些词语是这部电影的主题本身所包含的，也是这个年龄段的学生所关注的。晓琳老师对这些词语筛选精准，抓住了学生的共鸣点。此外，围绕中心词来概说比漫无目地散说更有利于学生进行表达和深入思考。第二步是补充兔子朱迪的心理活动。朱迪遭遇的心理困境——一次次失败、一句句否定、一声声质疑、一次次想放弃又不甘心的心理状态——每个学生都经历过。晓琳老师让学生补白，实际上是引导他们，让他们能在面对这些心理困境时激发出内心深处的正能量，不放弃、不服输。看似简单的心理补白，实际上是在引导学生激发正能量，不断强化积极心理暗示。最后一步探讨主题的环节，更是直指每一个学生的内心。《疯狂动物城》是一个关于消除偏见、突破自我的故事。这个环节的引导也是润物无声的：先是对电影中的主要人物兔子朱迪和狐狸尼克进行分析，然后引入对其他次要角色的分析，最后自然引入学生对自我的偏见，探究自我突破的路径。这个心理阶梯的铺设特别棒，就像心理咨询师在慢慢引导求助者说出自己的问题，然后让他自己想出解决办法。教师的有意识引导是水到渠成的。学生在轻松愉悦的讨论中自己悟得道理，这是最佳的教学境界。

三、种植信念的种子

这节电影课上，学生的最大收获就是在心底植入了这样一颗信念的种子：一切皆有可能，每个人都有无限的成长空间。这非常重要，是学生的心理基石。这块基石牢固了，学生在面对生活中的诸多困难时，才会滋生出勇气。

兔子朱迪的形象，在学生们今后经历风风雨雨的时候，定会清晰地闪耀在他们心中。

电影的欣赏视角很开阔，这给学生提供了观察思考的多维空间。比如探讨主题环节中，除了聊兔子朱迪、狐狸尼克的逆袭，还谈了其他许多配角。这是学生在欣赏电影时很容易忽略的。教师恰到好处地点拨，引导学生思考：每一个人都有自身的局限，也会有突破；局限与突破是每个人都需要终身思考的命题。欣赏电影的最终目的是经由他人的故事探询自我。学生对于自身的局限、缺点，往往采取逃避或者故意淡化的态度；而看电影的过程中，他们会观照自己的心灵，对于他们不直接面对或没有深入思考的问题，猛然间就有了清晰的认识。这种领悟比教师灌输的道理更让他们受益。

晓琳老师的电影课堂有一种开放、包容、信任的课堂氛围，让我想起雷夫老师在56号教室创造的奇迹。在那个教室里，雷夫老师坚信每个孩子都可以成才，他靠自己博大的爱心和无限的创意创造了教育的奇迹。相信晓琳老师在自己的心理课堂上，借助一部部经典电影，也会带给孩子们新奇的思考，并创造生命成长的奇迹。

（徐方方：安徽省合肥市第三十八中学教师，曾获县区级骨干教师称号，区教师基本功大赛一等奖，区教学设计、命题大赛二等奖）

消除偏见，成为更好的我们
许文惠

晓琳老师将《疯狂动物城》这部电影融入心理课中，让学生选取思维导图中的任意一个关键词语，概述电影的故事情节，通过想象补充主人公朱迪在警察资格培训考试中惨败时的心理活动，让学生融入电影情境，认真思考如果自己在追梦的路上遇到挫折将如何面对。她通过动物们成功消除偏见、实现完美逆袭的故事以及自身经历，引导学生正确对待偏见，成为更好的自己。

这节电影课一定给学生留下了很深的印象、带来了深刻的影响。学生面对地理会考多多少少还是有些紧张，甚至会焦虑，这时候，电影课让他们身心放松、自信备考。这部影片的主题是消除偏见。也许有人一直考不好地理，对会考失去了希望，这部影片会让他们重拾信心。

做晓琳老师的学生，真是无比幸运，又无比幸福。晓琳老师就是学生的心灵导师，是他们成长路上的领路人。经过影片的激励以及老师的引导，学生们不再惧怕面对不完美的自己，可以勇敢地说出对自己的偏见。有了目标后不仅要尝试去做，而且要坚持去做。梦想的作用是引导，而实现梦想要靠一步一步的努力。就像面对考试，要做好准备工作，夯实基础，把心沉下来，踏踏实实复习，改正学习上的坏习惯，这样才能越来越好。

和电影中的其他角色一样，我开始时也觉得兔子朱迪根本不可能成为警官，她连个子都没有其他警官高。可是她真的很勇敢，一直坚持追求不被支持的梦想，努力尝试新事物。动物城里的很多动物也都逆袭了。我们之中又有多少人能打破偏见的束缚，去做自己想做的事？大家觉得我性格内向，不适合上台表演，可当我真正做好准备，上台主持和跳舞的时候，我发现我根本就没有想象中那么惧怕舞台，反而很享受。在高二的文化艺术节中，我主动报名参加了舞蹈节目。一开始，由于没有借到学校的舞蹈房，宿舍门口、体育馆、艺术楼……到处都有我们排练的身影。我们每天都很刻苦地练习，腿上都是瘀青。最后，我们的节目拿了一等奖。回到班级之后，同学们都投来羡慕和赞赏的眼光，我们也很开心。幸好我坚持了下来，用努力打破了对自己的偏见，抓住了为班级争光的机会。

说起来也好笑，高中的时候，我极度在乎别人的想法。老师发现我成绩下滑的时候，曾建议我转去其他学校，这样可能比在重点中学读书要轻松些。我心里想：反正老师对我没什么期望，那我也正好偷偷懒，说不定重点高中的强度真的不适合我。直到高二时遇到了晓琳老师和王莉老师，我的状态才发生了转变。晓琳老师改变了我妈妈，王莉老师改变了我。我每每说到她们时，都热泪盈眶。晓琳老师一直和妈妈说我很棒，让妈妈改变和我沟通的方式；妈妈也和爸爸沟通，说要给我机会好好学下去。晓琳老师还教我和妈妈玩沙盘游戏，帮助我们更深层次地认识自己，让我和妈妈的关系由紧张转向亲密。王莉老师从来都没有嫌弃我理科不好，总是和我说重点高中是我自己考上的，我是有实力的，只要静下心来学习即可，不需要和别人比，每一次考试比上一次多一分都是进步。她对学生有用不完的耐心，哪怕我和同学不想上晚自习，她也不会训斥我们，而是在办公室腾地方给我们写作业。我很庆幸得到了这么多人的爱，感谢周围的人没有放弃我，给我鼓励，让我觉得人永远都不能否定自己。最后，我从一个被老师劝转学的孩子变成了能考上本科的孩子。我想，没有什么是不可能的，重要的是开始并坚持，而且相信自己一定能变得更好。

我们不仅要消除对自己的偏见、无视他人的偏见，而且不能轻易放弃一个不完美的人。每个人都要鼓励自己、相信自己；同样，每个人都值得被尊重、被鼓励。

（许文惠：射阳县实验小学教师，参与市课题《青春语文视域下的初中语文古诗词整合阅读教学研究》，已结项。论文获县一等奖）

【影课延伸】

人的一生是一个修炼的过程，这个过程使人成为最好的自己。《疯狂动物城》电影课帮助学生了解自己，拥有打破局限、相信自己的信念。下面的课例通过"小鸡变凤凰"的活动，促使学生思考自己的生命状态，学会做最好的自己。

做最好的自己

［活动目标］

1. 看到自己当下的生命状态。
2. 点燃自己的生命之火。

［活动准备］

制作课件；准备调查问卷。

［活动过程］

一、观影导入

观看电影《疯狂动物城》中朱迪警官到警察局报到的片段，通过猜情节引入本课主题——如何做最好的自己。

二、热身活动

"大风吹"活动规则：

教师发布口令"大风吹"，同学们回应："吹什么？"教师说：吹（有某一种特征）的人，有这个特征的人要站起来。

三、双手相扣

按照要求做活动：伸出双手，按照最自然、最舒服的方式两手相扣，看看是哪只手的大拇指在上面。

思考和发现：不起眼的一个小动作就呈现了人和人的不同，每个人在学习和成长方面都会有差异，因此每个人都是独一无二的个体。

四、做调查

学生根据实际情况给自己打分，1分为最低分，10分为最高分。问题如下：

（1）你的口语表达能力如何？你的演讲有激情吗？

（2）你算数算得快吗？

（3）你的方向感强吗？

（4）你的动作协调能力好吗？

（5）你的节奏感如何？能跟着音乐打节拍吗？

（6）你觉得你和老师同学相处得如何？你是个受欢迎的人吗？

（7）你觉得你的创新能力如何？

思考：你在打分的过程中有什么新发现？对这样的自己，你满意吗？怎样的你才是最好的呢？

五、"小鸡变凤凰"游戏

游戏规则：开始的时候所有的同学都是"鸡蛋"，都蹲着，找其他"鸡蛋"猜拳，赢了的变成"小鸡"，半蹲着，输了的还是"鸡蛋"；"小鸡"找"小鸡"猜拳，赢了的就变成"母鸡"，可以站起来，输了的还是"小鸡"；"母鸡"找"母鸡"猜拳，赢了的变成"凤凰"，可以回到座位上，输了的还是"母鸡"。整个游戏过程中，不能用语言交流。

思考：在游戏中，你有怎样的心情？对自己有什么新的认识？如果再来一次游戏，你的目标是什么？你会为这个目标做怎样的调整呢？

再一次做游戏并分享感受。

分享示例：

（1）在做游戏的时候，我只想变成"母鸡"，因为我认为变成"凤凰"有难度。对我来说，"母鸡"就是最好的自己。

（2）我在玩的过程中先想变成"小鸡"，再想变成"母鸡"，最后才想到要变成"凤凰"。把目标进行分解，逐个实现，最后就可以获得成功。

（3）这个游戏是一个哲理游戏，呈现的是一个人从底层到顶峰的艰辛过程。

（4）并不是每一只"鸡蛋"都能变成"凤凰"，也没有谁一开始就是"凤凰"。能不能成为"凤凰"，关键看自己的努力。这个游戏的过程就是努力的过程，也是破茧成蝶的过程。

心念一转，生命从此不同

——《佐贺的超级阿嬷》课堂实录

【电影简介】

电影《佐贺的超级阿嬷》改编自日本作家岛田洋七的同名畅销小说。故事讲述了一个叫昭广的男孩被送到乡下外婆家，过着极其贫穷的生活。外婆的乐观心态和层出不穷的生活智慧，让昭广的心灵日益丰盈，并让他学会以积极乐观的心态笑对人生。

【观影背景】

人人都希望自己能顺利地度过一生，可是人生的每个阶段都不是那么容易度过的，必然会遇到各种各样的压力、挫折、困难。青春期是一个人身心变化迅速的时期，也是一个负担很重的时期。这一阶段的学生，遇到的困难和挫折很多，感受也会很强烈。因此，他们需要一些指导和引领。

【观影目标】

1. 了解不利于培养积极思维能力的受害者模式。
2. 学会运用情绪"ABC"理论处理生活中的问题。
3. 建构抗逆力，增加心理能量。

【电影课堂】

一、导入

师：观看电影《佐贺的超级阿嬷》后，有同学对我说："老师，这电影太好看了，那个阿嬷也太乐观了吧！"我想，这大概是许多同学的感受。大家是不是想问：生活都那么艰难了，怎么这个阿嬷还能那么乐观？她究竟是怎做到的？今天，我们就来探讨这个问题。

二、受害者模式

1. 烦恼调查

师：我们之前在初二年级学生中做过调查，内容是"最近一段时间带来最大困扰的那些事"，记录了近 100 条。我把这些烦恼读一读，请大家闭上眼睛仔细听，然后谈一下自己的发现和感受。

（师读）

生：我发现有些烦恼大家都有。

生：我发现有些事在我这里不算什么，但在有些同学那里就是大事。

生：其实有些很严重的烦恼，大家都没说出来。

生：听着这些烦恼，心里更烦了。

……

2. "我"是受害者

师：很多时候，我们的大脑会喋喋不休地向内心输送这样的信息：为什么挨批评的是我？为什么朋友要这么对我？为什么倒霉的总是我？为什么父母总是不理解我？……于是我们的心就被层层怨恨、气愤包裹着，透不过气来，最终情绪爆发。其实，当我们这样想的时候，就进入了一种思维模式——受害者模式。受害者模式是指自己的喜怒哀乐等状态都由外界或他人掌控、左右；常常觉得受伤害的是自己，并把自己犯错的原因归咎于外界因素。"受害者"常常不自觉地使用这样的句式："如果不是因为他／她……我完全不会这样……""如果不是出现……情况，我肯定可以……""为什么总是这样不公平……""不是……是因为……所以我才……"假如佐贺的阿嬷是具有受害者模式的人，她会怎么说、怎么做？

生：唉，我怎么这么穷，为什么我就是受穷的命？

生：唉，这就是我的命啊，有什么办法？

生：我太可怜了。

生：为什么要把这个孩子带到我家，这不是给我添麻烦吗？

生：凭什么要让我养？

生：要是他不来的话，我的日子会过得美滋滋的。

师：大家说得非常顺口，是不是自己经常这么说？还是听到父母这么抱怨过？为什么会有那么多人愿意停留在受害者模式里？这是因为它会给大家带来好处。受害者模式的最大好处就是可以让自己躲避在这个模式背后，心安理得地不成长、不进步、不负责。如何打破这种模式呢？那就是做建设者。

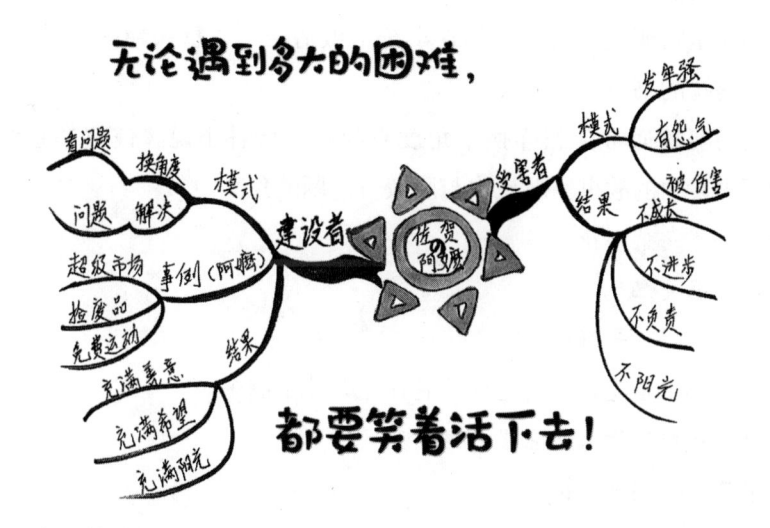

三、建设者模式

1. "我"是建设者

师：遇到困住自己的事情时，建设者的思维模式是换个角度看问题，思考自己可以做些什么来改变这种不理想的状况。面对贫穷，佐贺的阿嬷是如何运用建设者模式的？

生：把河道当作超级市场。阿嬷的家就在河边，她把两根竹竿搭在河中间，这样顺流而下的东西就会被拦下来。有时候是番茄、黄瓜等蔬菜，有时候是一只拖鞋（几天后会漂下另一只），有时候是一段木头。幸运的时候，还会有一盆祭祀用的水果呢。

生：走路时可以收集废品。阿嬷每次出门的时候，腰上总绑着绳子，绳子的一端系着吸铁石。路上的钉子和废铁会叮叮当当地被吸过来。阿嬷说：

"光走路，什么事也不做，多可惜。像这样做，可以赚到一点外快。"

生：当昭广说想学剑道、棒球时，阿嬷说不是免费的就不要学了。最后，阿嬷推荐了一项运动给昭广，那就是不需要买护具的免费运动——跑步。后来，昭广在马拉松比赛中跑出了第一名的好成绩。

师：也就是说，阿嬷在面对贫穷的时候没有丝毫抱怨，而是直接行动——做些事情改变贫穷的状况。除了同学们提到的这些事，还有一件事让人敬佩，那就是阿嬷直到七十岁仍在学校里做清洁工，感兴趣的同学可以读读关于佐贺阿嬷的书。

佐贺的阿嬷通常会怎样换个角度看问题？请看小说《佐贺的超级阿嬷：笑着活下去》中的故事，对比你与阿嬷看问题的角度。

故事一：一朵小花

阿嬷：很美吧？

昭广：嗯，可是好小。

生：再小也是花；不管怎样，它还是开花了啊……

阿嬷：在蚂蚁看来，它很大呢。

故事二：英国老式钟

昭广：这个钟太老了，每个钟头就要上一次发条，太麻烦了，扔掉吧。

阿嬷：这是好东西，修修就好了。

昭广：钟停止不动了，扔了吧。

生：修修就好了；几十年前这是高科技，几十年后这将是古董；它可以成为一个装饰品；这是一个纪念物……

阿嬷：这个钟每天只要看两次就行了，还可以用。

故事三：吃饭

A 剧本

昭广：外婆，晚餐呢？我的肚子好饿。

阿嬷：今天家里什么吃的都没有。

第二天

昭广：外婆，早饭呢？我要煮饭吗？

阿嬷：对不起，外婆太穷了，没有饭给你吃。你妈又不寄钱来。

昭广：我真可怜！可恶！为什么我们这么穷！

B 剧本

昭广：外婆，晚餐呢？我的肚子好饿。

阿嬷：是你神经过敏了，晚饭哪里是天天要吃的啊！快点睡觉。

第二天

昭广：外婆，早饭呢？我要煮饭吗？

阿嬷：早饭？昨天不是已经吃过了吗？早些去学校，中午有营养午餐，你可以撑到吃营养午餐时吧？

昭广：嗯？嗯……

生：A 剧本中的阿嬷自怨自艾，让昭广也充满怨气。B 剧本中的阿嬷真的很强大，简直太有意思了。

师：大家对这三则故事的回应都很积极向上，我很喜欢同学们的回答。这也说明同学们开始运用建设者模式思考问题了。我们发现，这位阿嬷超级有智慧。她总能在不利的事件中发现有价值的东西，并引导事情朝有利的方向发展。那么，阿嬷是怎么做到的呢？

2. 学习运用情绪"ABC"理论

师：聪慧的阿嬷在不知不觉中运用了心理学方面的一个知识，即心理学家埃利斯提出的情绪"ABC"理论。

> **小知识**
>
> A 表示诱发事件，B 表示针对此事件产生的想法、信念等，C 表示情绪和行为的结果。一个人的情绪和行为的结果（C），并非由某一种激发事件（A）直接引发，而是由个体对该事件的认知和评价所产生的看法和信念引起的。

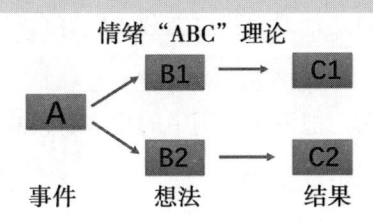

情绪"ABC"理论

```
        B1 → C1
       ↗
  A
       ↘
        B2 → C2
  事件   想法   结果
```

师：进入中学后，昭广总是为考试而烦恼。他的成绩单上，除了体育是5分，其他都是1分或2分。对此，昭广和外婆的想法有何不同？导致的情绪结果又有何不同？

生：事件是成绩差。昭广认为自己除了体育，其他科目都学不会，结果很烦恼。但阿嬷认为1分、2分加起来就可以是5分，而人生就是总和。这样想就不会那么烦恼了，就能平和、坦然地面对现实。

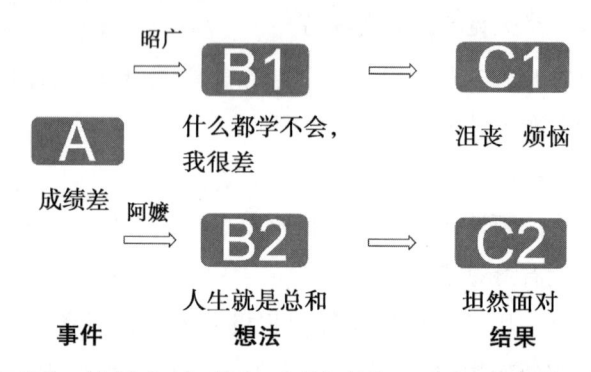

```
              昭广
         ⇒  B1        ⇒   C1
    A        什么都学不会，      沮丧  烦恼
             我很差
    成绩差    阿嬷
         ⇒  B2        ⇒   C2
             人生就是总和        坦然面对
    事件       想法              结果
```

师：想法不同，结果自然不同。阿嬷明白，当很多事情无法改变时，我们可以通过改变对事情的看法让自己开心起来。因此，阿嬷这个贫穷的家充满欢声笑语。

四、为自己"赋能"

师：佐贺的阿嬷是怎样的人？

生：勤劳、聪明、自立、坚强、乐观、勇敢、善良、热情、可爱……

师：请按"我是超级……的人，因为我能……"的句式说一句话。

生：我是超级乐观的人，因为我能微笑着面对困难。

生：我是超级守信的人，因为我答应同学的事情都能做到。

生：我是超级大方的人，因为我会和同学分享一切。

生：我是超级自立的人，因为我总能独立做好自己的事情。

……

师：小组合作填图表，把下面案例中的受害者模式转换为建设者模式。

小组合作结果如下：

案例1：好朋友没有在我有需要的时候给予帮助。

模式	事件（A）	想法（B）	结果（C）	行为
受害者模式	我的好朋友没帮我	这不公平，为什么他有困难的时候我帮他，而我有困难的时候他不帮我呢？	消极 沉默 无助	责怪 绝交
建设者模式	我的好朋友没帮我	我没有向他求助，他不清楚状况	舒服些 开心些	跟朋友沟通

案例2：假期已经和同学约好了出去玩，姐姐却说我数学那么差，应该在家里学习，不让我出去。

模式	事件（A）	想法（B）	结果（C）	行为
受害者模式	放假了，姐姐不让我出去玩	为什么她这么说我，我已经很努力了，她凭什么要管我？	心情糟糕 郁闷	吵架 不学习 出去玩
建设者模式	放假了，姐姐不让我出去玩	姐姐是为了我好，她希望我的数学成绩好一点	开心 愉快	制订计划 多做习题

案例3：当我做代理体育委员时，同学们总是不听我的话，还反对我。

模式	事件（A）	想法（B）	结果（C）	行为
受害者模式	同学不听我的话，反对我	凭什么不听我的？我就这么软弱吗？	愤怒 委屈 自卑	辞职
建设者模式	同学不听我的话，反对我	我有的地方可能做得不太好	开朗 轻松	和同学交流 关心同学 弥补自己的不足

案例4：跑八百米太累了，我总是排倒数。

模式	事件（A）	想法（B）	结果（C）	行为
受害者模式	跑步成绩不好	为什么我总是倒数？我太差了，太丢人了	心情差	放弃

续表

模式	事件（A）	想法（B）	结果（C）	行为
建设者模式	跑步成绩不好	我还不够努力	恢复自信	努力 坚持

案例5：一次考试考不好，父母就会骂我，认为我不努力。

模式	事件（A）	想法（B）	结果（C）	行为
受害者模式	考试考不好父母就骂我	难道我就是一个不学无术的小孩？	愤怒 悲伤	不理父母
建设者模式	考试考不好父母就骂我	父母是因为关心我、爱我才为我着急	感恩	更加努力 和父母好好沟通

案例6：自己腿粗。

模式	事件（A）	想法（B）	结果（C）	行为
受害者模式	我胖，腿粗	为什么这么不公平，她是筷子腿，我就是肌肉腿？	嫉妒 自卑	不和同学交往
建设者模式	我胖，腿粗	我只是有些壮而已，至少我是健康的	心宽 开朗	锻炼 少吃甜食

师：生活中总会有一些事缠绕在心头，困扰着你。每到这时，可以想想佐贺的超级阿嬷，想想今天这堂课，用老师讲的一些方法让自己尽快从受害者模式中走出来，开启建设者模式，给生活添一缕阳光。

【学生观感】

刘惠涵：《佐贺的超级阿嬷》这部电影，讲述的是一个日本小男孩与他的阿嬷之间的故事。小男孩名叫昭广，生活在一个很穷的家庭里，他的妈妈没法照顾他，就将他带到了阿嬷家。阿嬷影响了他的一生。阿嬷每天教给昭广做人的道理，告诫他穷就要节俭，但不能贬低自己，更不能自暴自弃，而要坚持不懈地奋斗。在阿嬷的影响下，昭广取得了马拉松比赛第一名。这部电影有很强的正能量，里面的人物都给了昭广很多关怀。比如，昭广跌伤了腿，医生为了不让没钱的昭广难堪，贴心地垫付了药费；卖豆腐的大叔为了让昭广安心吃豆腐，故意用手指把它戳碎，再低价卖给他；开运动会的时候，老师为了让昭广吃自己的比较丰盛的饭菜，故意装拉肚子，与他交换饭菜。阿嬷告诉他，真正的体贴是让人觉察不到的。昭广虽然贫穷，但毫不自卑，反而在众人的关爱下变成了阳光少年。

刘艺涵：故事中的小男孩昭广出生在广岛，母亲出于无奈，把昭广送到了佐贺的阿嬷家。在阿嬷正确的人生观和豁达的人生态度的指引下，以及老师同学的关怀下，昭广度过了一个美好的童年。在遇到困难的时候，阿嬷不会问"为什么"，而会说："这样会不会好一点？"人在消极的状态下，看到的世界会阴暗起来，只要换一个角度，世界就会完全不一样。在阳光下，小男孩昭广大声地朗读道："我有两个妈妈。"阿嬷内心十分欣慰。

张艺馨：《佐贺的超级阿嬷》深深触动了我，使我冷静地反省自己。主人公家里很穷，母亲实在无法照顾他，便将他送到了远方的阿嬷家。但阿嬷家也常常为生计发愁，生活看起来如此灰暗，老天对他是那样不公，但是，"上帝为你关上一扇门时，总会为你打开一扇窗"。阿嬷便是那扇窗。阿嬷又像一盏灯，用自己散发出来的光亮，照亮了主人公原本阴沉的生活。我十分佩服阿嬷，她总能时时刻刻自带光芒，总能那么有勇气、乐观地面对残酷的生活。而我总是一遇到困难、挫折就开启受害者模式，怨天尤人。倘若以阿嬷的心态去看待生活，便会获得一份幸福。

赵雅婷：观看了电影《佐贺的超级阿嬷》，一份感触在心中暗暗涌动。昭广来到阿嬷家的第一天，阿嬷就嘱咐他第二天早上要煮饭，不然没饭吃。这是告诉昭广，人应当学会照顾自己；不论处在什么样的环境里，学会照顾自己都是第一位的。阿嬷没钱买菜，就到院子后面的河面上去捡，并告诉昭广，这是一个不用花钱的超级市场。生活太艰苦的时候，阿嬷总是用幽默和机智化解难堪，让昭广感到生活新奇有趣。昭广在阿嬷的建议下参加了一项不花钱的运动项目——长跑，最后在马拉松比赛中获得了第一名。这部影片让我感受到阿嬷满满的正能量。她没有因为贫穷而感到自卑，反而很快乐地生活着。每个人在生活中都会有压力、困惑，只要我们有勇气、有信心去面对，就没有什么战胜不了的困难。因此，我们要充满阳光和正能量，乐观地面对每一天。

【教者说课】

进入初二后，学生的烦心事明显多了。于是，我在整个年级做了一个调查，想把问题集中到一起，通过几节心理专题课来解决。但是看到调查结果后，我发现学生的烦恼五花八门，难以集中。尽管在成年人眼中，他们遇到的事儿都没什么大不了的，可在孩子眼里，那都是大事，是困难、挫折，他们不知道该如何应对，不知道该向谁诉说。

我想起了几个故事

故事一：求助电话

一天，我突然接到一位家长的电话，那焦灼、无奈和略带哽咽的声音让我意识到事情的严重。

这位母亲说，她儿子最近一段时间老是发脾气，不是摔东西，就是砸门，衣柜的玻璃全都被砸烂了。每次发过脾气后，他都不知道自己刚才做了什么，看着眼前的一片狼藉，痛苦地说："谁来救救我啊！"可是让他去看心理医生，他又怎么都不肯去；让他去找老师，他也不去，还威胁说，要是父母去找了老师，他就立即退学。这位母亲也曾带儿子去医院的精神科，医生开了药，但儿子吃了也不管用。马上就要中考了，这可如何是好？

我一边听，一边分析判断。这个情况显然已经不是聊一聊就能解决的了。我对这位母亲说："您别着急，目前孩子不愿意让他熟悉的人知道自己的情况，我们别再刺激他了。这样吧，这周六正好有个北师大的心理学博士来我们这里开讲座，我要去参加。我带上你，课间我们去问一下老师，好不好？"对方说着感谢的话，就挂断了电话，我却心情沉重。

这届毕业班的学生我都熟悉，这个男孩到底是谁呢？这位母亲一直不肯告诉我，我能理解。忽而又想，有些孩子在学校里看似风平浪静，有谁知道他们内心涌动的暗流呢？

周六，这位母亲依约而来。终于等到了休息时间，我赶紧拉着她冲到那位心理学博士跟前说明来意，介绍了孩子的情况。那位心理学博士认为这个孩子的症状有些像青春期躁狂症，吃点药就好了，但是得找个正规的心理诊疗中心；如果孩子不肯去，家长可以先去咨询，将买来的药物偷偷装到别的营养药瓶里。

事情后来是如何进展的，我没有问，这位母亲也没有再给我电话。

我想起了她叙述过程中提到的一个细节。孩子情绪变化的起因是期末考试从级部前三名降了下来。我大概知道是谁了。我们曾在初一时做过一个问卷调查，之后找了一些孩子谈心。这个男孩就是其中之一。还记得他说，自己上小学时成绩优异，但是上了初中后没有一科是第一，同学们都认为他学习好，但他瞧不起自己，认为自己身上有很多缺点，晚上一直到十一点还睡不着觉；看到别人成绩好，自己甚至有种悲凉的感觉；有时课堂上回答不出问题，也觉得很丢人，晚上都睡不着觉。

这样的谈心大概有两次，男孩也接受了老师的建议，有了一些改变。没想到的是，在即将毕业时，他依然走不出自己给自己套的枷锁。

故事二：为什么要努力

一天，我吃完中饭，刚回到办公室坐下，一个男孩走进来，张嘴就说："老师，最近我怎么老是想到死。"我吓了一跳，以为遇到一个想自杀的学生。后来了解到，这个学生心理压力很大，他给自己定的目标是进重点高中的实验班。随着中考一天天地临近，他在恐惧紧张中给自己找了退路：既然人都是要死的，为什么还要努力拼搏呢？还好，这个学生只是一时紧张，而且知道来找老师谈心，很快就调整了状态。

故事三：我的疾病我来治

一天，我在大街上遇到一个已毕业的男孩。聊着聊着，我提到了他们班上一个我很喜欢的女生，想知道她考到了哪所高中。那是个乖巧、漂亮、可爱的女孩。我喜欢她，是因为她的文章总是视角独特、语言幽默，正因为喜欢，也就格外关注。我也单独和她聊过，但是她忽闪着眼睛，什么也不说。后来几次考试，她的成绩下滑得特别厉害。男孩告诉我，女孩后来休学了，因为有心理疾病。他们很要好，这个事情只有他知道。

我忙问是什么问题。他想了好半天，然后说出这样几个字——人格分裂。他说："她自己知道是怎么回事，也知道怎么去控制，隐藏得很深。她的母亲最近偶然看到她在啃生肉，才发现这个问题。她的问题好像是家庭原因造成的，她还想过自杀。"那一瞬间，我有种要崩溃的感觉。我是心理老师，面对一个有着这么严重心理疾病的女孩子，我竟然整整一年都不知道！突然间，很心疼。我们平时只看到她的成绩在下降，而且想当然地把成绩下降的原因归为她不够努力。家长会开完后，我和这个女孩的班主任聊过，认为她的心思不在读书上。

一般人，只要不是学习心理学的，大概并不了解人格分裂；但一个只有十五六岁的孩子却知道怎么去面对这种疾病。心疼这个孩子的同时，我突然感到一丝欣慰，这也许就是心理课的一点点成效？

在青春期，不是所有的孩子都愿意向父母、老师、同学敞开心扉，谈自己遇到的困难和挫折。他们常常一边惶恐着，手足无措地面对一波又一波烦恼，一边努力地活着。我希望他们在这样的时刻，即使没有可倾诉的人，也至少有一部电影相伴，在别人的故事里安抚自己，找到情绪的出口，看到黎明的曙光。

【影课评点】

心念一转，课堂如此不同

郑 丹

郝老师的电影课《佐贺的超级阿嬷》主题是"心念一转，生命从此不同"，她的这节课则是心念一转，课堂如此不同。

一、从语文转向心理

不少导演都是集艺术家、哲学家、思想家、心理学家于一身，能细致入微地洞察人性，高度、深度、广度兼备。因此，经典电影就是一座丰富的宝藏。然而我们习惯了以语文教学的眼光，从主题、人物形象、故事情节、表现手法等入手来欣赏，很少从心理学角度探察人物心理模式，以此指导生活。郝老师不走寻常路，开辟出一条"星光大道"，引领学生走向光明未来。

一部电影也是一部大书。看《佐贺的超级阿嬷》，有人感动于琐碎故事里的温暖光芒，有人感叹阿嬷的生活智慧，有人敬佩阿嬷的豁达心态。郝老师以心理老师的眼光打量电影，盯住核心信息——阿嬷积极乐观的人生态度。从心理学的角度来看，这就是建设者模式。这一核心信息一端连着电影，一端连着学生。诚然，学生的生活不会像阿嬷那样贫穷，但人生不如意事十之八九，每个人都会遇到困难，这时是抱怨还是换个角度看问题，结果迥然不同。从阿嬷身上，我们可以看到建设者模式。

这转向着实不易。帕尔默说："教育是引导学生迈向理解和生存于世界的更真实途径的精神之旅。"教师需要洞察学生的困惑，更需要见识。能见大体之谓识，能察根本之谓识。识是一个人才学、胸襟、智慧、阅历的综合体现。郝老师的识在于从阿嬷的积极生活态度出发，挖掘建设者模式，抵达学生的灵魂深处，让他们换角度、不抱怨、重建构。

从语文转向心理需要这样的悲悯情怀，更需要这样的远见卓识。

二、从感性转向理性

王开东老师对电影文本有这样的认识："电影文本与其他文本很不相同。其他文本都是干枯的、死的文本，电影文本却是丰富的、鲜活的，能把我们的情感和体验真切带入。"也就是说，电影文本相对于其他文本更感性。这就出现了一个悖论，感性是短暂的、稍纵即逝的，而建构心理模式需要长久的、稳固的理性思考，因此，要从感性转向理性，否则，这节课的心理疗愈功能就难以实现。这也是电影课面临的难题。郝老师从感性到理性，做了可贵的探索。

请看她的课堂：先从整个年级的烦恼调查入手，接着归纳出受害者模式，并指出这种模式的弊端；然后引入换个角度看问题、致力于解决困难的建设者模式，让学生观察佐贺的阿嬷如何运用建设者模式；再引入情绪"ABC"理论，并运用这一理论工具对《佐贺的超级阿嬷》进行案例分析；最后回到课堂开头的烦恼，把受害者模式变为建设者模式，完成了从电影到生活、从感性到理性、从抱怨到积极面对的华丽转身。

每一步都有感性和理性的转换。第一步，学生的种种烦恼是感性表象，受害者模式是理性分析。由感性到理性，有利于提升学生的认知。第二步由理性到感性。建设者模式是抽象的心理学概念，用它分析阿嬷的具体行为，学生能获得切实的理解。第三步讲情绪"ABC"理论，学生的认识更彻底，对阿嬷的积极态度产生更深入的感受，是从理性到感性。第四步是学生运用理论解决问题，从感性到理性。

马尔库塞说："理论是不能改变世界的，只有人能改变世界，但理论能改变人。"郝老师在感性和理性之间转换自如，用建设者模式赋予学生能量，改变学生看世界的心态。

三、从老师转向学生

王君老师曾说："所谓课堂教学艺术，其实是一种敏感。你清楚地预先知道，在每一个课堂的关节处，孩子们需要什么样的帮助。于是在这些地方，你调动自己的智力资源和情感资源，去储备粮草，去铺路搭桥。"其实，这也是心念一转，换个角度看问题，从教师视角转向学生视角，运用种种手段去帮助学生。

教学，即教学生学。受害者模式、建设者模式、情绪"ABC"理论对于学生来说，都是陌生的心理学术语，仅仅讲解是不够的。郝老师清楚地知道这一点。她在关键处巧妙地铺路搭桥，助学生一臂之力：在引入受害者模式之后，用假设法让学生想象受害者模式的阿嬷如何抱怨，使学生意识到自身也有受害者模式的影子，从而产生改变自我的想法；在引入建设者模式后，不仅让学生从电影中寻找阿嬷的行为加以印证，还从原著里选择了三个小故事，让学生猜想阿嬷的做法或进行点评。此举既让学生换个角度看问题，又让学生获得成就感，为后面的理论学习做铺垫。学习了情绪"ABC"理论，分析了案例后，在"为自己'赋能'"环节，郝老师小步轻迈，步步精心。第一步是对前面的内容进行总结；第二步由电影人物转向自身，转变观念，增强信心，赋予自己能量；第三步，小组合作填表，运用学到的方法解决生活中的难题，呼应本课的开头。"纸上得来终觉浅，绝知此事要躬行。"学生心念一转，生命柳暗花明。由此，郝老师也实现了从理论到实践的完美转身。

郝老师也是"佐贺的超级阿嬷"，心念一转，转向心理学，转向理性，转向学生的心灵深处，将一轮明月悬挂在前头，照亮学生的幸福人生。

（郑丹：安徽省安庆市怀宁县振宁学校高级教师，安庆市骨干教师，安庆市教研先进个人，曾获安庆市语文优质课一等奖，在期刊发表文章 30 多篇）

像"超级阿嬷"那样生活

陆 艳

"00 后的孩子太难带了，班里那么多稀奇古怪的事情，班主任太难做了。""班主任工作这么辛苦，家里的人却不理解。"

"我在班级里付出了这么多，学生不听话，家长不配合，领导不肯定。"

……

这些话，出自班主任老师口中，它们都是言者内心的折射。就像感冒会打喷嚏一样，心"感冒"了，言语也会"打喷嚏"。我曾有过一段心"感冒"的时光，是晓琳姐给了我药方——她的电影课。其中最能触动我的是《佐贺的超级阿嬷》这节课。从这里，我学到了"建设幸福生活"的要义。

一、帮学生建构阳光心态

我的班级叫向阳班，受王君老师的阳光思维影响，班级建设理念是：成一群精神明亮的人，建一个氛围和谐的班。因为有了阳光思维作底色，向阳班的学生大多一心向阳、一路向前。第一学期的带班效果着实不错。

随着疫情的暴发，漫长的网课上线了。学生们出现了各种情绪，老师们只能在网络上隔靴搔痒，家长们大多束手无策。在听了晓琳姐的这节电影课后，我立刻召集学生与家长一起参加网络班会课——《做一个向阳乐活人》，主题就是努力成为自己和别人积极情绪的建设者。在分享了晓琳姐课堂上所提到的情绪"ABC"理论后，我现场解决了一对母子的矛盾，让他们有效表达自己的情绪，效果甚佳。

班会课仿照晓琳姐的课来上，从案例出发，用榜样示范，给运用方法，练实践操作,这让我的课也充满了阳光。用好情绪管理法,不管是学生还是家长,都会成为班级建设"合伙人"。

二、给家人创造爱的磁场

人们一直说,家不是讲理的地方,是讲爱的地方。身为教师,尤其是班主任,我在学校消耗掉大量的耐心与爱的能量,回到家后,很容易产生负能量。

有段时间,面对家里的琐事,我无比暴躁,特别是对女儿的生活和学习,一言不合就"吼叫",但教育效果甚微。那段时间写出来的东西也都逻辑混乱、思维不清,还是晓琳姐的课让我对家庭问题进行了一次诊断,结果发现是我看问题的方式不当。

"遇到困住自己的事情时,建设者的思维模式是换个角度看问题,思考自己可以做些什么来改变目前这种不理想的状况。"我反复咀嚼这句话,开始调整自己,改变看问题的方式,不做家里的"情绪炸弹"。

我讨厌别人发脾气,认为发脾气的人素质很低,却没有看见对方发脾气的原因。女儿发脾气常常是因为我无法关注、陪伴她,或者不能与她产生"共情"。先生发脾气时,我常常只站在自己的角度,用自己的价值观衡量他的想法,很多争执由此产生。现在,我会用情绪"ABC"理论去重新定位暴脾气先生和暴脾气小姐,并且教他们合理表达情绪,让家庭重新充满爱。

通过晓琳姐的电影课,我给家庭创造爱的温暖磁场,让爱的电磁波顺畅传递,家里的氛围自然变好。

三、让自己开启正念修行

班主任日常琐事颇多,很容易产生负能量。有段时间,晓琳姐看着我的文字说,你的心出问题了。一时间,我很惶惑,亦无助。最后,我在晓琳姐的这节电影课里找到正念修行的方法。

所谓的正念就是关注当下。余秋雨认为"修行就是排除误解,勘破错觉,建立正觉、正见"。晓琳姐的电影课让学生觉知自己的情绪,就是保持正念;给自己"赋能",就是修行。

有了这样的正念修行之法后,世界就变得与以往大不相同。

遇到领导安排任务时,我不再认为这是一种"压榨",转而视其为提升个人能力的机会。上进心让我拥有了不一样的生命质量。

遇到家长的不合理诉求时，我不再认为这是一种烦扰，转而视其为家校合作的契机。研究的动力让我的班级管理更专业。

遇到教学上迈不过去的坎时，我不再认为这暴露了我的无能，转而视其为专业破局的机会。创新的实践让我的业务能力有了提升。

遇到问题时，不如先进行自我审视，再实践操作。情绪管理也需要经常操练才可以形成习惯，一如运动员的肌肉有运动记忆，我们的情绪也会有记忆。给情绪一个缓冲，理智才能够苏醒；找寻"正觉"，给自己"赋能"，才会找到处理问题的最佳方案。

保持"正念修行"，我会更加喜欢自己。只有自爱，才能更好地爱别人。

晓琳姐的电影课，就像师傅王君的课一样，能够疗愈听课之人。她们最大的期望在于听课之人能有所行动。我们可以帮学生建立阳光心态，可以给家庭创造爱的磁场，还可以进行"正念修行"，让自己拥有阿嬷一样的"超能力"，从而幸福地生活。

（陆艳：清华附中国际学校清澜山学校中学语文高级教师，王君"青春语文"名师工作室成员，江苏省镇江市首届教坛新秀）

【影课延伸】

好的生命状态是什么？是积极向上、健康快乐。《佐贺的超级阿嬷》电影课帮助学生了解受害者模式，构建积极思维，为心理"赋能"。下面的课例通过具体案例探寻构建积极思维之法，使学生学会运用情绪"ABC"理论解决自己的实际问题。

换个角度看问题

[活动目标]

1. 了解情绪"ABC"理论。
2. 学会转换角度看问题。

[活动准备]

制作课件；每人一张任务卡。

[活动过程]

一、观影导入

观看电影《佐贺的超级阿嬷》中昭广因为成绩不好而感到烦恼，阿嬷引导、安慰他的片段，引出本课主题——如何才能保持积极乐观的心态。

二、听故事谈感悟

故事梗概：在一位农夫的果园里，紫红色的葡萄挂满了枝头。住在附近的狐狸很想享受一下美味的葡萄，但葡萄架太高了。第一只狐狸来了，它哼着小曲，心满意足地离开了。第二只狐狸来了，它破口大骂，撕咬自己能够得到的藤，结果被农夫发现，被一铁锹拍死了。第三只狐狸来了，它非常郁闷，最后抑郁而终。第四只狐狸来了，它精神振奋，利用业余时间给自己充电，学习采摘葡萄的技术，最后吃到了葡萄。

思考：为什么在同样的情况下，不同的狐狸会有不同的情绪和行为表现？

三、情绪"ABC"理论

知识：一个人的情绪和行为结果（C），并非由某一事件（A）直接引发，而是由个体通过认知和评价该事件而产生的看法和信念（B）引起的。

案例：程娟同学英语成绩不好，平时不喜欢上英语课。她总是认为自己智力有问题，感到很沮丧。后来，她转念一想：英语成绩差，不正是说明有很大的进步空间吗？她振奋起来，下定决心要努力。最后，她的高考成绩向大家证明她成功了。

讨论：用情绪"ABC"理论分析程娟取得进步的原因。

讨论结果：英语成绩差是 A（事件），她原先的想法是 B1，即自己的智商有问题；产生的情绪及结果是 C1，即沮丧，成绩越来越差。后来她的想法转变为 B2，即自己有很大的进步空间；产生的情绪及结果是 C2，即振奋，最终取得了进步。这启发了我们，在事件无法改变的情况下，可以通过改变对事情的看法来调整不良的情绪和行为。

四、小试牛刀

1. 小组合作，运用所学理论解决烦恼

案例一：课间，小刚在走廊上被亮亮从后面推了一下，摔倒了。小刚认为亮亮是故意的，很愤怒，想着有机会一定要把亮亮绊倒。

分享：亮亮不是故意的，这样想就不那么生气了；亮亮可能是在开玩笑，可以告诉他以后不要这样打闹；亮亮可能是被后面的同学绊倒，碰倒了小刚……

转换思维方式：换位思考、正向思维、情境想象等。

案例二：小华这次月考没考好。虽然她已经尽力了，但成绩还是不理想，而且还被老师批评了。她觉得自己很没用，一无是处。

分享：自己已经尽力了，不用后悔自责；可能是学习方法不对，要及时调整心态；这表明自己还有很大的进步空间……

转换思维方式：注重过程、从积极的角度看问题、自我激励等。

2. 转换想法练习

表达："如果"＋消极事件，"那表示"＋积极的角度。

示例：

（1）如果我一大早被闹钟吵醒，那表示新的一天又开始了。

（2）如果父母经常向我唠叨，那表示父母关心我。

（3）如果老师严厉地批评了我，那表示老师重视我，希望我变得更好。

（4）如果今天的作业很多，那表示今天我们学了很多知识。

（5）如果最近感到学习很累，那表示我在认真学习、动脑思考。

五、分享收获

谈一谈最近困扰自己的事情，相互交流，思考怎样转变看问题的角度，并付诸实践。

心怀希望，就永远有希望

——《肖申克的救赎》课堂实录

【电影简介】

银行家安迪被指控枪杀了妻子及其情人，被判无期徒刑，这意味着他将在监狱中度过余生。但他没有放弃希望，而是积极寻找逃出去的机会，最终成功越狱。

【观影背景】

初二下学期，在日复一日的学习中，学生们都有些倦怠。我特意挑选了电影《肖申克的救赎》来调节一下氛围。我希望学生们从电影中看到安迪面对恶劣环境时的镇静、果敢与智慧，同时也希望学生们能始终满怀希望地面对每一天。

【观影目标】

1. 通过观影增加面对困境的勇气。
2. 通过讨论发现自己在困境中能有何改变。

【电影课堂】

一问：这是一个怎样的环境？

（出示电影片名）

师：题目中呈现了两个关键词——"救赎"和"肖申克"。肖申克是监狱的名字，同时也点明故事发生的地点和环境。那么，这是一个怎样的环境呢？

生：不自由、黑暗、没有人道、充满暴力、腐败、无聊、让人受尽欺辱……

师：在这样的环境中，如果是你，你会如何呢？

二问：在这样的环境里，你会如何活着呢？

师：你是表面上看起来强硬，但只要一进到这样的环境就变得软弱无能？是把曾经柔韧的心、洒脱的精神，变得内心麻木冷酷？还是把自己融入沸水中，变成一杯香甜的咖啡？

生：或许会愤怒、自暴自弃、抑郁、自杀……

生：或许会乐观一些吧，或者好死不如赖活着……

三问：在这样的环境里，安迪是怎样活着的？

师：在这样的环境中，安迪是如何生活呢？

生：让心自由。比如，安迪在脑海里想象音乐，内心充满希望。

生：做自己喜欢的事，体现自身价值。如安迪雕刻石头、建立图书馆、教狱友学习等。

生：努力抗争，绝不屈服。比如他最后逃出监狱。

师：电影中有句经典台词"监狱生活充满了一段又一段的例行公事"，是说安迪的挨打。我们的学校生活其实也是充满了一段又一段的例行公事，比如一场又一场的考试。如何面对自己不喜欢、不自由的环境，它并不像同学们说的"适应它"你就真的能适应了它。有时候其实还是要学会些——妥协，暂时性的妥协，但心中要有自己努力的方向。

四问：谁救赎谁？为何救赎？

师：我们再来看题目中的另一个词——"救赎"。这是电影的着眼点。我的理解是"拯救和赎罪"。那么是谁救赎谁？为何要救赎？

生：安迪救赎自己。

生：安迪救赎他人。

生：安迪为了"自由、希望、价值、美好"而展开对自己和他人的救赎。

师：安迪虽然没有杀害自己的妻子，但是他有杀害她的念头。而对于妻子的遇害，他认为自己也是有责任的，因而认为自己有罪。他抱着赎罪的心态来到监狱里，成为别人眼里的异类。他用了十九年的时间来赎自己的罪，求得心灵的解脱。这十九年里，从解决狱警的税务问题换取啤酒、坚持给政府写信、冒着被关禁闭的风险向整个监狱播放歌曲。这一切都饱满而有力地展示出安迪在自我救赎的同时，对自由、美好有着坚定的向往和渴望。坚强的人拯救自己，伟大的人拯救他人。安迪拯救了自己，也拯救了别人，成为一个伟大的人。

五问：安迪具备了哪些条件才完成他的救赎？

师：成为伟大的人是需要具备一些条件的。安迪具备哪些条件？

生：他有灵活的头脑。他可以在狱警和监狱长那里寻求保护，改善恶劣的生活环境。

生：他有超强的毅力。为了给监狱建一个图书馆，他坚持给政府写信，每周一封，坚持了六年，目标达到后仍然继续写信。

生：他有渊博的知识和过人的胆量。他对地质有研究，能在戒备森严的监狱里挖出一条通往自由的通道，还能帮助朋友瑞德走向新生。

生：他相信希望。他告诉朋友，不要忘了这个世界上还有可以穿透一切高墙的东西，它就在我们的内心深处，那就是希望。他说，怯懦囚禁人的灵魂，希望让人得到自由。

六问：当你无奈地遇到了如同肖申克一般囚禁了心灵自由的那种图囵，你是无奈的老布鲁克，灰心的瑞德，还是智慧的安迪？运用智慧，信任希望，并且勇敢面对恐惧心理，去打败它？

师：我希望同学们都能像安迪那样勇敢面对。当安迪一点一点爬过障碍、穿过污秽，就像他十九年来忍受不堪、欺辱、不公、黑暗那样；当他全身心浸入河流中，仿佛涤尽了罪恶、洗净了尘埃。他的身体和心灵在那一刻同时得到了救赎。其实，我们都是普通人，像电影中的瑞德一样向往自由，但没有毅力；憧憬美好，但没有行动力；有实现自身价值的渴望，但不想努力，打算庸庸碌碌地过完自己的一生。尽管我们做不了安迪，拯救不了他人，但我们可以努力拯救自己。哪怕希望再渺茫，只要我们一息尚存，就应做到不抛弃、不放弃，要坚定地怀揣着对生命的尊敬和对美好的向往。这部影片最具震撼力的一句台词是："这就是为什么人类在经受了那样的毁灭和痛苦后还能够生存，因为美好永在，希望永在。"

（师生读经典台词）

懦怯囚禁人的灵魂，希望可以让你自由。

强者救赎自己，圣人普度他人。

希望是美好的，也许是人间至善，而美好的事物永不消逝。

让你难过的事情，有一天，你一定会笑着说出来。

在我们心里，有一块地方是无法锁住的，那块地方叫做希望。

在这个世界上，有些东西用石头是刻不来的。在我们的心中有块地方是关不住的，那块地方称为希望。

监狱里的高墙实在是很有趣。刚入狱的时候，你痛恨周围的高墙；慢慢地，你习惯了生活在其中；最终你会发现自己不得不依靠它而生存。这就是体制化。

有的鸟终究是关不住的，因为他们的羽翼太过光辉，当他们飞走时，你会由衷地祝贺他们获得自由；然而无奈的是：你得继续在这无聊之地苟且偷生。

一纸文凭不见得就可以造就一个人，正如同牢狱生涯也不见得会打垮每一个人。

【学生观感】

毕文君：《肖申克的救赎》讲述了主人公安迪由一个银行副总裁变为监狱囚犯，最后凭借着毅力和智慧逃出监狱的故事。要是换成我，我可能会因为无法忍受监狱的各种折磨而走向绝路。为什么主人公能忍受长达十九年的折磨呢？那是因为他心中有信念，有乐观的精神和惊人的毅力。这些正是我缺乏的品质。

曲俐欣：这部影片让我明白，当人处在一个充满变化的环境中时，要多交朋友，要乐观，要运用智慧，要有信念和勇气，要在这个新环境中打造一片自己的天地。安迪用智慧让兄弟们喝上了啤酒，虽然自己差点置身于险境，但他让朋友们获得了片刻的喜悦和自由。

崔秋妍：安迪蒙受了冤屈，带着复杂的情绪走进肖申克监狱。他明白，自己身处的环境是无法改变的。他不能让环境适应他，只好自己适应环境。他通过妥协换取一些自由和心灵上的慰藉。他的心始终是自由的，因而最终拯救了自己，也拯救了他人。他是伟大的。

崔联瑜：男主人公安迪是一位银行家，他有一位年轻美丽的妻子，而他的妻子却出轨了，他愤怒不已，甚至起了杀掉妻子和她的情人的念头，因此他买了酒，带着枪，开车到妻子情人家附近企图做点什么，但酒精没有麻痹安迪的神经，于是他驱车回家，把枪扔进了河里。然而妻子、妻子的情人离奇地死了，安迪锒铛入狱。狱中的生活很艰难，安迪一点一点地为出逃作准备。安迪一直怀揣着希望，从来没有放弃过，一切都在他的计划中慢慢变好。最后，他爬过了臭水沟，终于重获自由，来到太平洋中的一个小岛上。这里没有回忆，只有现在和未来。看完这部影片，我最大的感触是：无论事情变得多么糟糕，只要我们怀揣希望，就能收获美好。

【教者说课】

这部影片会在最阴暗的日子里给你最强大的支撑力量。我也曾从低谷里爬出来，我明白这种力量多么重要。

高考复读那年，家里的状况不太好。父亲创办的沙发厂很缺人手，母亲是父亲最重要的帮手。但是母亲的风湿性心脏病越来越严重，繁重的家务和工作已经压得她喘不过气来。每次回姥姥家，姥姥都会对她念叨："叫女儿回来帮帮你，还念什么书？"母亲硬是咬着牙自己扛。每次我和她一起包饺子的时候，她都会和我唠叨这些事，我心里充满愧疚。

让我感到有压力的还不仅仅是这些。

舅舅帮我在城里找了一个高考复读班。在这个班里，我的成绩是倒数第一，跟其他同学有很大差距。老师从没对我抱有希望，报志愿时我征求他的意见，他对我说："你随便吧。"

我别无选择，只能努力地向外爬。我不知道自己究竟能不能爬出去，需要多久才能爬出去。我只是爬着……爬着……

期中考试后有个女孩来到我的办公室失声痛哭，她说，为什么别人把考卷做一遍，我做两遍；别人做一道题，我做十道；别人周末回家玩游戏，我在上各种辅导班……可尽管这样，我的成绩却毫无提升。这让我很崩溃。

还有一个女生半夜在 QQ 上给我发语音，她说，为什么父母总是不能理解我，为什么他们总是自以为是的对我好，为何他们总是想让我按照他们的想法活，为何我不能有自己的思想……

青春期里，总是那么的令人躁动不安。学业压力、亲子关系、朋友交往等等，往往一件小事就成了压垮这些孩子的一根稻草。我理解他们，也试图用各种方式缓解他们的压力，让他们身心放松下来。所以当我看到《肖申克的救赎》这部影片的时候，第一个念头就是一定要让我的学生看看，一定要和他们谈谈，走入低谷可怕吗？一定要让他们写写《走入低谷又何妨》。因为浴火重生后，我们才更懂得生命的意义和活着的美好。

【影课评点】

走向人生的春天

张寒潇

初次看《肖申克的救赎》这部电影，已是十年前的事情。那时候读初二，一切都是那么美好，充满希望，因此对影片没有很深的体会，只觉得安迪真厉害，竟然能用十九年挖个地道越狱。

多年后的今天，我重温这部电影，主角安迪重获自由，迎着瓢泼大雨对着天空朝拜的画面，神奇地为我打开了一个美丽而残酷的新世界的大门。他怀着对自由的热爱，为圆满的后半生开启了崭新的篇章。如果只是看电影，那不如去电影院；在心理电影课上，我们还要深度思考。夏昆老师认为：鉴赏如上课，只有通过观影后的研讨，才能引导学生深入地思考、细致地分析，真正达到鉴赏电影的目的。如何一步步引导学生获得深度思考？郝老师的课为我们提供了借鉴。

课堂从影片名称入手，抓住关键词，再顺理成章地过渡到文本分析。这是思考电影的开始，在学生和文本间架构起联通的桥梁，让学生更好地走进文本、寻找自我、构建自我、完善生命。

片名中有两个关键词："肖申克"和"救赎"。肖申克是监狱的名字，对每个进入肖申克的人来说，从踏进来的那一刻起，人生就已经结束了，剩下的只有漫无边际的黑暗和深不见底的深渊。故事就发生在这里。"救赎"指用行动抵消、弥补罪过，使人脱离灾难或危险。老布因为无法适应外面的世界而自杀，这或许是肖申克监狱中大多数人的"救赎"。安迪自律、有耐心、有智慧，在痛苦的自我反省、漫长的自我救赎后获得真正的自由。

尼采说："当一个人知道自己为什么而活，就可以忍受任何一种生活。"安迪就是知道自己为什么而活的人，他始终过着一种有意义的生活。其他人的梦里有恐怖、残暴的狱卒和狱友，他的梦里有太平洋蓝色的海水。为了给监狱建图书馆、增加藏书量，安迪坚持给政府写信请求拨款，一写就是六年；他坚持彻夜用一把小锤子在墙上挖越狱的洞，一挖就是十九年。

强者自救，圣者渡人。正如导演李安所说，安迪这样的主人公，"即使身陷囹圄，也不忘自己所能，帮助良善、惩治邪恶，既在拯救自己，也在拯救他人，而终归是拯救自己"。安迪总是极富耐心又乐此不疲地去拯救甘于堕落、沉沦的灵魂。真正的救赎不是斤斤计较于他们犯的每一个错误，而是给予他们希望，引导他们走出错的过往。曾经认为希望无用的瑞德，最终也有了自己的希望。"我希望成功越过边界，我希望能跟老友握握手，我希望太平洋如梦中一般美好。"瑞德一定会感叹自由的美妙。

始终怀抱希望的安迪，在经历春夏秋冬的第十九个轮回后，匍匐穿过一日日凿出的隧道，伴随着狂风暴雨，蹚过臭味熏天的泥沟，终于在越狱之路的尽头与漫天飘摇的星辰相遇，与渴望已久的自由拥抱。罗曼·罗兰说："世界上只有一种英雄主义，就是看清生活的真相之后，依然热爱生活。"生活有两种选择，要么勇敢生存，要么碌碌而死。老布最终选择碌碌而死，只有他死前在冰冷的柱子上刻下的那句"布鲁斯曾经来过"，证明他曾经活过。安迪选择生存，他拯救了自己和瑞德，也给我们每个人带来希望。

《基督山伯爵》里有这么一句话："人类的全部智慧就包含在两个词中

——等待和希望。"自由、等待、救赎、希望——只要人类存在一天，它们就向未来延续一天。

欣赏电影，就是解读文本、积淀人生。郝晓琳老师通过电影课，让学生看到了充满希望的人生有多么美好。

（张寒潇：澳门大学研究生）

理性课堂　智慧引导

张　娟

好的导演，其作品一定能体现深刻的哲学思想；好的教师，对人性和生命有着本能的关注。晓琳老师的心理电影课让我的心灵受到强烈震动。它开拓了我的课堂视野，引起我的深入思考。

一、勾连对比，理性牵引

"青春语文"的着力点在于打通教法和活法。教是为生活服务的，晓琳老师的影视课堂，每一个环节都在勾连生活、观照现实。她说："这部影片会在最阴暗的日子里给你最强大的支撑力量。我也曾从低谷里爬出来，我明白这种力量多么重要。"由现在到过去，由电影到自身，她的每个词句都蕴含着理性牵引的力量，不自卑自悼，亦不怨天尤人，只强调不甘、奋斗、抗争。

二、归纳概括，理性疗愈

《肖申克的救赎》影片不长，但是内容不少。晓琳老师紧紧围绕"救赎"这个关键词反复追问，就像拷问灵魂一样。一样的环境中，有的人沉沦，有的人坚守，有的人奋起，这带给我们许多针对现实的反思。晓琳老师的课堂化概念为电影中真实而生动的形象。比如，她引导学生从人物言行中归纳人物的品质。安迪的品质有：灵活的头脑、超强的毅力、渊博的知识和过人的胆量……

电影把故事展现出来，课堂带领学生理性思考。晓琳老师让学生反思自我。她说："其实，我们都是普通人，像电影中的瑞德一样……""尽管我们做不了安迪，拯救不了他人，但我们可以努力拯救自己。哪怕希望再渺茫，只要我们一息尚存，就应做到不抛弃、不放弃，要坚定地怀揣着对生命的尊敬和对美好的向往。"坚守本心，管他风霜迷路津，这是写给未来的宣言。

归纳、概括是语文课堂的惯用手法，晓琳老师在此基础上为学生的心里注入理性的力量，目标始终指向理想生活。这正是特级教师于永正提倡的："我们的教育需要理性，需要在教育范围内进行教育发展……理性状态是对教育最好的救助。"

三、关联自身，理性启示

李镇西老师提出，教育要"以人格引领人格，以心灵赢得心灵，以思想点燃思想，以自由呼唤自由，以平等造就平等，以宽容培养宽容"。这堂课诠释了李老师的"引领""赢得""点燃""呼唤""造就""培养"，晓琳老师的自我救赎也如同肖申克的救赎一般让人动容。她曾经的困境就像一个"铁窗"，禁锢了她。高考失败，家庭经济状况不佳，在复读班上排倒数，亲人不信任……她用了"爬"字描述这种绝望中的奋斗过程。深沉而劲拔的文字，让人感动。先失败，后崛起；从改变，到成功；从无，到有……许多影片都讲述了主人公的这种经历。这仿佛是一条亘古不变的生命之路。把这些励志的视觉艺术化作润泽学子的生动课堂，需要扎实的课堂基本功。晓琳老师"爬"出低谷、绽放自我，她站在那里，就是风景，就是一部彰显勇气的生动影片。

以理性之手牵引、以理性之语疗愈、以理性之智启发，晓琳老师的影视课堂具有持久的吸引力和魅力。

（张娟：广东省东莞市海德双语学校教师，市级骨干教师，曾获全国作文教学大赛设计特等奖，在报刊发表作品100余篇）

【影课延伸】

生活中总会有一些挫折，对学生进行挫折教育十分必要。《肖申克的救赎》电影课帮助学生鼓起勇气面对挫折。下面的课例通过挫折体验以及应对策略分享，让学生探索挫折带来的意义，掌握应对挫折的方法和策略。

风雨之后见彩虹

[活动目标]

1. 了解挫折在人生路上的必然性。
2. 掌握正确应对挫折的方法。

[活动准备]

制作课件；准备任务清单。

[活动过程]

一、观影导入

观看电影《肖申克的救赎》中银行家安迪入狱的片段，引入本课主题——如何面对生活中的困难和挫折。

二、体验挫折

做游戏：在一分钟之内将桌上的一堆围棋棋子垒起来。

思考与发现：挫折是我们在有目的的活动中遇到的阻碍。

读名人故事：

（1）爱迪生：只念过3个月的小学；老师说他"愚笨"；一场大火，把实验室烧成一片瓦砾；发明电灯时，先后试验了7600多种材料，失败了8000多次……

（2）林肯：童年时母亲去世；即将结婚时，未婚妻死了，因此精神崩溃；两次经商失败；工作丢了，想读法学院，未获入学资格……

三、应对挫折

1. 挫折事件自检

小组活动：四人一组，相互诉说自己遇到的挫折。

班级分享：小组代表发言，说说自己的挫折或同伴的挫折。

示例：

学习方面：成绩达不到家长的要求；作业太多，不能按时完成；没有机会显示自己的才能……

人际关系方面：不受老师喜爱，经常被老师点名批评；经常被同学排斥、讽刺；交不到朋友；父母教育方法不当，与父母关系紧张……

兴趣爱好方面：受到过多的约束或因生理条件限制，不能发展自己的兴趣爱好……

自尊方面：得不到老师和同学的信任；经常受委屈；觉得自己表现得很好，却没有受到表扬；学习成绩不如同学……

物质方面：物质需求得不到满足……

2. 心理防御机制

了解心理防御机制的相关知识：

（1）酸葡萄作用：因能力不够而无法得到自己追求的东西时，对其加以贬抑。产生"酸葡萄心理"是因为真正的需求无法得到满足。为了消除内心的不安，人们编造一些"理由"来自我安慰，以消除紧张、减轻压力。

（2）甜柠檬作用：不说自己原本想得到而得不到的是什么东西、有什么好处，而百般强调自己已得到的东西的好处，借此减轻内心的失望与痛苦。

在伊索寓言中有一个故事，有只狐狸想找可口的食物，但找不着，只找到一个酸柠檬。这实在是不得已的事情，它却说："这只柠檬是甜的，正是我想吃的。"

（3）推诿：将个人的缺点或失败归咎于外在因素，让其他人承担责任，以使自己内心平静。

（4）压抑：有意识地把自己的痛苦体验或烦闷情绪排除于记忆之外，从而解除焦虑。

（5）否定：对已经发生的令人痛苦的事实加以否定，认为它根本没有发生过，以减轻或逃避痛苦，如"眼不见为净""掩耳盗铃"。

（6）反向：为了防止自认为不好的动机外露，采取与动机方向相反的行为策略。这是内在动机与外在行为不一致的现象。

（7）替代：当一个人因种种原因无法达到原定目标时，以另设的目标代替原来受阻的目标，以弥补因失败而丧失的自尊和自信，减轻挫折造成的痛苦。

（8）自居：将自己比拟成其他成功的人，或以他人自居，借此在心理上分享他人成功之乐，消除个人因挫折而产生的焦虑。

教师引导：以上防御机制采取逃避性、自骗性、攻击性、代偿性的方式来应对挫折，是不可取的，也是消极的。可取的、积极的防御方式是采用幽默来化解困难，如用奇特、含蓄、双关、讽喻、诙谐的语言加以良性刺激，以摆脱内心的失衡；也可以采用升华的方式——当人的一些本能、欲望不被理智容忍、接受，且受到社会伦理道德的谴责时，以社会可以接受的方式改头换面地将其表达出来，使其向崇高的方向发展，有利于自身和社会。

3. 学会提高心理弹性

了解心理弹性：心理弹性指一种重要的能力。它能够使个人、团体或者社会尽量减少逆境带来的破坏性影响。

方法一：通过"LEAD"工具提升"逆商"。

"L"是"Listen（听）"：听听自己对于逆境的内心反应，如"我知道你在这儿，我可以应付你"。

"E"是"Explore（探索）"：当坏事发生以后，想想自己应该对结果的哪一部分负责。只有积极面对问题，才有可能解决问题。

"A"是"Analyze（分析）"：分析可以让我们回归理性。当发现当下的逆境并不是完全无法掌控时，它就不会对生活产生全方位的影响。

"D"是"Do（做）"：找到解决的办法，并立即行动起来。看看自己能做些什么，或向他人寻求帮助。

方法二：巧用"3I清单"了解抗逆力因素，明晰提升方向。

抗逆力因素分为三类，即外部支持因素（I have）、内在优势因素（I am）、效能因素（I can），具体如下表所示：

	我拥有的外部支持系统	我是谁	我能做什么
1	我在家庭内部有一个或多个可以信任的人。	我是一个大多数人都喜欢的人。	我可以想出新方法解决问题。
2	我在家庭外部有一个或多个可以信任的人。	我通常平静且性格良好。	我能坚持完成一件事情。
3	我有稳定的家庭及社区的支持。	我是自信、乐观、充满希望的人。	我会寻求帮助。

学垫底辣妹，做人生规划

——《垫底辣妹》课堂实录

【电影简介】

《垫底辣妹》是一部日本影片，改编自坪田信贵所著小说，讲述一个成绩在年级中垫底的女高中生沙耶加，在辅导班坪田老师的帮助下，用一年时间考入庆应大学的故事。

【观影背景】

初二这一年，很多学生因为学习压力大，即使很努力也看不到进步，所以失去了信心。他们有的破罐破摔，不再努力；有的垂头丧气，不知所措。在这样迷茫的时候，学生需要一盏灯来指明方向，增强自信。于是，我建议他们做个职业规划。

【观影目标】

1. 用"SMART"原则，设定自己的人生目标。
2. 用"SWOT"战略分析法，对自己进行评估，寻找对策。

【电影课堂】

一、做调查

师：老师在初二年级学生中做了一个小调查，内容是"写出你目前的学习状态和你理想中的学习状态"。老师知道，大部分同学的现状是想学习但成绩总是无法提高，大家都希望能成为学霸和学神级别的人物。电影《垫底辣妹》中的沙耶加以前的学习状态是怎样的？后来又是怎样的呢？

生：沙耶加高二时的知识水平还是小学水平。她经常去夜店，玩得很晚，后来努力、上进，成为学霸、学神。

师：究竟是什么让她变为学霸？

二、深探究

1. 定目标

第一步：比较两个目标的优劣

A. 考上庆应大学（因为那里帅哥多）

B. 成为像坪田老师那样的人——为了他人的未来而努力

生：B 目标优于 A 目标。B 目标是一个人一生的目标，而 A 目标是一个阶段性结果，可以是针对 B 目标设置的阶段性目标。如果我们只有 A 目标，而又不能实现，可能会产生挫败感，甚至一蹶不振。但 B 目标不会让人有挫败感，我们可以通过设置多个阶段性目标，通过多种方式来实现它。

师：B 目标也可以称作人生愿景，也就是对未来情景的描绘。老师就曾经有过这样的人生愿景。老师读初中的时候，很喜欢当时的语文老师。她不但人长得漂亮，而且擅长写作，课也上得好，很受同学们欢迎。我想成为她那样的语文老师。那么，我该怎样实现我的人生愿景呢？

生：上大学。

师：请再具体一些。

生：上师范类大学。

师：对，但师范类大学也有很多啊，我该怎么选呢？老师卖个关子，先讲一个小知识。

第二步：了解"SMART"原则

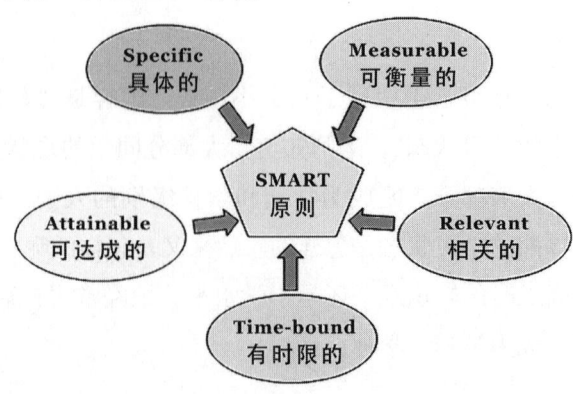

示例：沙耶加的人生规划

人生愿景：成为像坪田老师那样的人——为了他人的未来而努力

S（具体）：考上庆应大学

M（可衡量）：偏差值（日本高中衡量学生成绩水平的指标）达到70

A（可达成）：偏差值可逐步提高

R（相关性）：与其他目标有关联

T（时限性）：一年

示例：老师的人生规划

人生愿景：做一个学生喜欢的语文老师

S（具体）：考上北京师范大学

M（可衡量）：英语答题准确率提升30%～40%，其他各科答题准确率提升5%～10%；总分提升100分以上

A（可达成）：答题准确率可逐步提升

R（相关性）：与其他目标有关联

T（时限性）：一年

第三步：根据"SMART"原则定目标（人生规划）

师：请同学们尝试制订自己的人生规划。

示例一：

人生愿景——成为有名的主持人

S（具体）：考上中国传媒大学

M（可衡量）：各科成绩提升，英语提升10%，数学提升10%，语文提升5%，副科提升20%

A（可达成）：成绩可逐步提升

R（相关性）：与其他目标有关联

T（时限性）：期末排名进入年级前40名，九年级时进入年级前15名

示例二：

人生愿景：成为像姜老师和孙老师那样的舞蹈老师

S（具体）：考上北京大学艺术学院

M（可衡量）：舞蹈考到十二级

A（可达成）：抓紧练习，逐步提升

R（相关性）：与其他目标有关联

T（时限性）：两年

师：如何定义成功和失败？沙耶加实现了自己的目标，考上了庆应大学。老师没有实现目标，只进入了一所普通的大学，是失败吗？

生：不是。

师：坪田老师说，为宏大目标而拼搏的这段经历，将来一定会成为自己的力量来源。这段努力拼搏的日子也给了我力量，使我有勇气走上终身学习的道路。业余时间，我在网上买了许多课来学习，比如思维导图课，还有一些心理课。2016年，我参加了国家二级心理咨询师考试，三门课程一次通过。

2. 战困难

第一步：认识困难

师：刚开始为目标奋斗时，我们都会充满斗志，而且也确实能看到成绩的提升。比如，沙耶加用一个月学习了小学阶段的知识，用两个月学习了初中阶段的知识，可是接下来无论怎么努力，成绩都没有提高。怎么办？大家梳理一下这个过程。

讨论结果如下：

阶段	刺激事件	行为
第一阶段：小冲劲	老师讽刺，坪田受辱，母亲借钱交补习费，朋友盛情邀约	晚上学习到很晚，墙上贴满学习卡片，边骑车边背诵，和朋友玩时还在学习
第二阶段：小挫败	看了庆应大学的试题，发现自己不会做	坪田老师把鸡蛋竖起来，激励沙耶加；沙耶加剪头发，战胜诱惑

续表

阶段	刺激事件	行为
第三阶段：大绝望	每次考试都得 E；弟弟退出俱乐部，和小混混在一起，并对前来找他的姐姐说怎么努力也没用；老师劝她放弃	不去补习班；胡思乱想；参观庆应大学

师：经过这番梳理，我们发现，即使有目标和实现目标的决心，还是会遇到重重困难和挫折。很多人就在这个过程中放弃了。该怎么做？老师再教给大家一种方法——"SWOT"战略分析法。用这种方法对自己进行评估，把所有力量都用在寻找对策并落实于行动上，这段绝望的时光就会熬过去。

第二步：分析、解决困难

"SWOT"战略分析法："S"是优势，"W"是劣势，"O"是机会，"T"是挑战；聚焦自己的强项和优势，充分利用机会和资源实现目标。

沙耶加"SWOT"战略分析

优势：坚持、努力、乐观……	机会：参加补习班，遇到有方法的老师，有母亲的信任、闺密的支持、同学的陪伴……
劣势：小论文写得不好，基础差，贪玩……	挑战：竞争激烈，不自信，父亲不信任她，老师讽刺她，弟弟打击她……

沙耶加四大策略

增长型：补习提高，同伴互助……	多元化：选报不同大学、不同专业，考虑出国读书……
扭转型：看漫画学历史，看电视学小论文，增加学习时间，写卡片……	防御型：打赌，证明，宣泄，求助……

练习：根据自己的目标，利用"SWOT"战略分析法，先分析，后找对策。

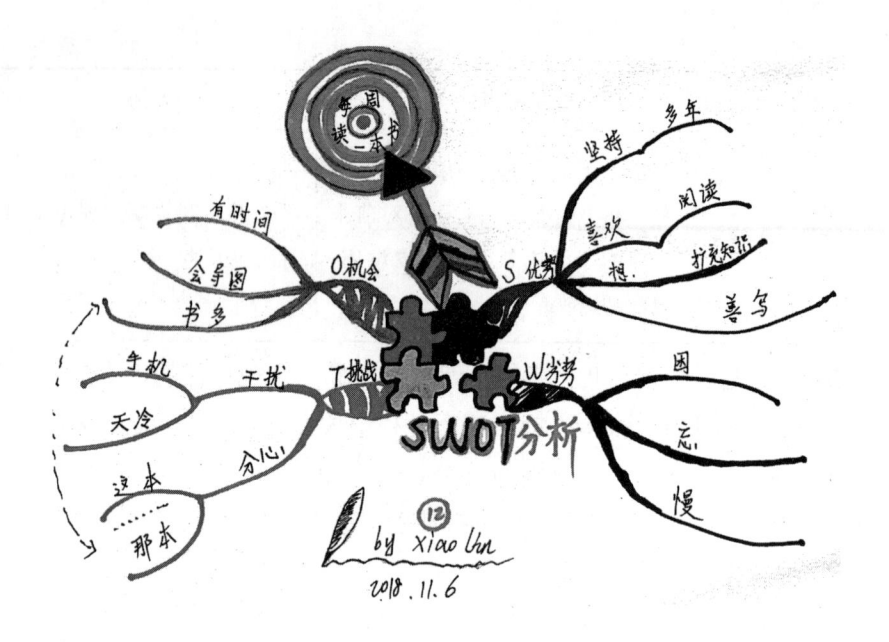

"SWOT"战略分析——每周读一本书

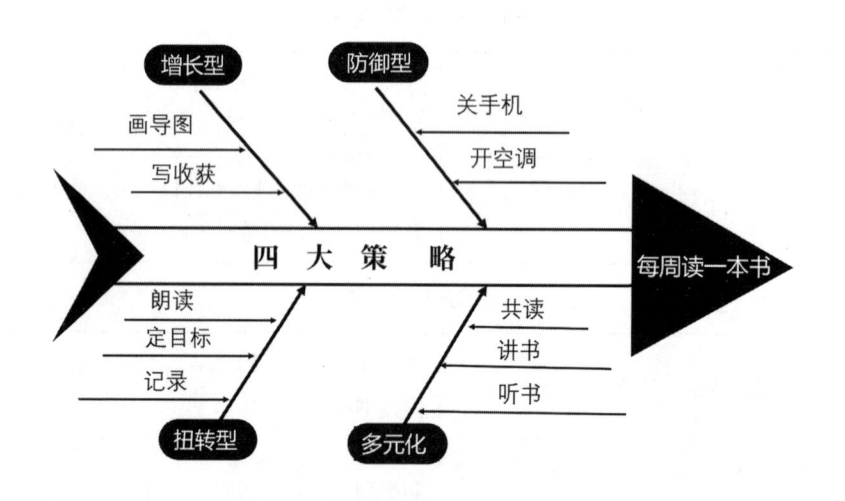

四大策略——每周读一本书

3. 坚定信念

师生朗读电影中的经典台词：

不管周围的人怎么说你不行，充满自信地继续说出你的梦想，不怕嘲讽和失败。挑战梦想的力量，对我来说是多么耀眼。

来到这所学校，你会更加自信，你会有不一样的人生。

人生路上本来就少不了困难、挫折。不逃避、勇敢面对这些挫折，才是最好的方法。

之所以有压力，是因为你有成功的可能。

世界上最大的谎言就是"你不行"。

正是你奋斗的样子，改变了许多人的人生。即使遭遇不顺，你还是会不断尝试。不逃跑、勇敢面对，成为更好的人。

【学生观感】

崔联瑜：看了这部影片，我很有启发。影片中的沙耶加经过一年的努力，最终考上大学的故事激励了我。沙耶加曾经是年级垫底的学生，因为抽烟事件被迫休学，被妈妈送去了补习班。这时候，一个重要的人物出现了，他就是坪田老师。这位老师很负责任，又很有方法。他竟然说沙耶加非常优秀，有着无限可能。后来，坪田老师看到沙耶加的 0 分试卷，竟然说很好，说她有进取心。他让沙耶加订立的目标竟然是考上全国排名前十的大学。我觉得这几乎就是不可能完成的任务，带着看热闹的心态来看接下来的故事。坪田老师让沙耶加从小学知识开始学起，经过一次一次的考验，沙耶加竟然真的考上了理想的大学。

我没有像沙耶加那样染头发、抽烟、到酒吧玩，但我从六年级开始就在班级垫底，每次考试都很难过，也想放弃自己。看了这部影片后，我发现原来订立目标是关键。好的目标让人有永不放弃的决心，努力变成更好的自己。

廖雪羽：我被电影中沙耶加顽强拼搏、坚持不懈的精神所感动。她的成功离不开坪田老师、妈妈、朋友的支持和鼓励。坪田老师是一个乐观的人，我从他身上感受到了一股不服输的劲儿。他的辅导班上都是不想学习的学生，但他没有放弃他们，而是鼓励他们。妈妈也作出了很大的牺牲。爸爸把梦想寄托在儿子身上，想把他培养成职业棒球手，给他买很贵的棒球装备，却不舍得为女儿花钱。为了交女儿的学费，妈妈只好在晚上打工。沙耶加的朋友们知道了她的理想抱负,看到了她的努力,都支持她,决定不再干扰她,让她专心致志地学习。而沙耶加由最初开玩笑说因为想看帅哥而考庆应大学,到最后梦想成为像坪田老师那样为了别人而努力的人,逐渐成长起来。

这部影片让我明白,在拼搏奋斗的过程中少不了困难与挫折。我们要学习沙耶加那种勇于挑战的精神,那种即使所有人都不相信她也不放弃梦想的精神。

王恒:我从这部影片中学到的不仅仅是努力、坚持、奋斗等精神,而且还有一种乐观生活的态度。即使沙耶加没有考上心仪的大学,那种拼搏奋斗的精神也会成为她的精神支柱。我还想说说沙耶加的父亲。这个父亲是一个固执的人,一直把关注点放在儿子身上,对沙耶加漠不关心。但他最终看到了沙耶加的改变,他的态度也有了变化,也算是个知错能改的好父亲。我喜欢沙耶加的母亲。我一直认为沙耶加能逆袭成为学霸,一大半的功劳是母亲的。她不仅理解女儿,而且是女儿前进道路上精神和物质方面的支柱。这是一位负责任,能理解、包容孩子的母亲。我会像沙耶加那样乐观地生活,积极地面对困难。

【教者说课】

看《垫底辣妹》,几次忍不住落泪。

这部影片让我有许多感慨。因为主人公沙耶加有我青春时期的影子,也因为我既是一个母亲又是一名老师,所以看着看着,我就能代入其中许多角色。

在沙耶加身上,我看到了自己拼搏的样子。初中时,因为喜欢班主任兼语文老师,于是想成为一名初中语文老师,考上师范大学的中文系就成了我的目标。为这个目标,我也曾像沙耶加一样拼命。因为也曾垫底,也曾艰难地一点一点从底部往上爬,也曾因看不到希望而伤心绝望……所以,我能在做老师的时候对学生有更多的理解。

我决定带学生看《垫底辣妹》这部电影,只是我一开始没想好,看完电影后我们要聊什么。一部电影,如果仅仅是在思想上给学生一点鼓舞的话,那么学生看完之后也许会激励自己几天,之后就恢复常态。要想激发学生的学习动力,绝对不只是精神鼓舞那么简单。

正当我发愁之际,一个生涯规划培训班让我脑洞大开。为何不借着《垫底辣妹》这部影片,带领学生做人生规划?于是,我对这堂课有了完美的构想。

看电影前,我先做了一个调查,发现很多学生渴望不用努力就能取得好成绩。我还发现,好多学生没有目标,对未来也没有想法,就像踩着一块西瓜皮,滑到哪里算哪里。由于学生从来没有想过未来,即使以电影主人公沙耶加和我的人生规划为范例反复讲解,学生的人生规划仍做得不理想。第一个上课的班级只有七份人生规划做得不错。不过,我并没有失望,我相信只要坚持做下去,坚持给学生渗透这样的思想,他们会逐渐开始思考自己的人生,最终完成自己的人生规划。

我不着急,我只是一个引路者。我会像坪田老师那样,做阳光导师。

"我认为没有'不行'的学生,只有不好的老师。学生在学校里可能不如意,我想帮助他们。沙耶加并不是什么'渣子',她是非常优秀的女生。被称为'渣子'的学生,会真的以为自己就是那样,可能会无法再相信自己。我想拯救那样的孩子。"

坪田老师的这番话将是我的一份信念,也是我奋斗的目标。

【影课评点】

一堂能量巨大的沉浸式观影课堂

郑　琳

我喜欢看电影,也喜欢把心仪的电影放给学生看,仅此而已。直到一次偶然的机会,我看到了郝晓琳老师的一节电影课,才明白原来电影课可以这样驾驭。这真是非常美妙的沉浸式教学体验。

沉浸式学习需要教师为学习者营造一个有利于学习的环境,帮助学习者沉浸其中，实现学习预期。郝老师的《垫底辣妹》观影课就是这样，它将成为学生人生中不可磨灭的记忆。

一、情景与目标的创设

这堂课选择了贴近初二学生学习生活的电影——《垫底辣妹》，电影的情节激发了学生对课堂内容的兴趣。教学目标的设定符合学生的需求，能够培养学生的核心素养。观影前的小调查让郝老师对学生学习状态有了更全面的了解。在课堂上，她让学生们明白，理想与现实是有差距的。

二、理论与实践的结合

"SMART"原则和"SWOT"战略分析法分别应用在"定目标"和"战困难"两个环节中。郝老师用自己的亲身经历启发学生确定人生目标，再根据电影情节，使用"SMART"原则具体分析主人公沙耶加的目标。这样，沙耶加的人生规划更具体形象地出现在学生的脑海中。电影人物和郝老师个人的人生规划展示，让学生沉浸其中。这种沉浸式教学让学生在做自己的人生规划时，不会漫无目的或不知所措。"SWOT"战略分析则与思维导图紧密结合。纸面上的图示比起老师的说教更简单、明了、直观，这将是我接下来努力的方向。

三、教学目标的达成

《垫底辣妹》中的主人公沙耶加的努力终于有了好的结果，但不是每一次努力都能让人心想事成。是不是达不到目标就不奋斗了呢？郝老师结合自己的亲身经历和学生探讨这一话题。真诚的沟通让学生敞开心扉、畅所欲言，也让他们迷茫的心有了方向。

"坚定信念"这一环节的设置，让这一节观影课达到了预设目标——让学生明白奋斗的人生是最棒的！

这是能量巨大的沉浸式课堂。这堂观影课也将成为我今后的指路明灯！

（郑琳：山东省临清市京华中学教师，曾获聊城市骨干教师、聊城市德育工作先进个人等称号，山东省优课一等奖、聊城市优质课一等奖）

曲径通幽，赴一场规划之旅

雷 娟

"如果能把不可能的事变成有可能的事，你就会变得自信。"坪田老师说。

每个老师都很清楚初二是学生的叛逆期，都做了充分的准备，却很难扭转学生的叛逆行为。眼见很多本来很乖、学习还不错的学生突然就像变成了另一个人，老师的说教无法唤醒他们内心对知识的渴求；眼见一个个本应阳光、积极向上的学生变得暴躁、叛逆，我们除了心痛还能做些什么？如果你也有这样的疑问，那就跟着郝晓琳老师的电影课——《垫底辣妹》一起来学习解决的方法吧！

在这堂电影课里，我看到了一位热爱学生、热爱教学的师者，一位有梦想、遭遇挫折、困难而不言弃的师者，一位关心学生终身成长、努力唤起学生对生活的期待和热爱的师者，一位愿意终身为教育事业执着奉献的师者。

先从这节课的出发点谈起。郝晓琳老师熟悉学生现状，用调查问卷的形式摸查了初二学生的心理状态，发现每个学生心里其实都希望成为学霸和学神级人物，但是理想和现实存在差距。

由此，郝老师引导学生分析、思考主人公沙耶加前后学习状态的变化及产生变化的原因。探究分为三个步骤：定目标、战困难、坚定信念。教学设计层次分明、环环相扣、逐步深入，直达教学中心。

我们平时在教学中也经常告诉学生要定学习目标、要有理想，但空话、套话太多，情感沟通太少，因此效果并不理想。学生能保持短期的学习热情，但对未来仍是一片茫然。郝老师在"定目标"这个环节，把目标分为阶段性目标和人生目标，结合沙耶加所定的两个目标，让学生通过分析明白：人生目标不会让人有挫败感。郝老师分享了自己的人生目标，一方面拉近了与学生的距离，引起了师生情感上的共鸣，一方面让学生开始懂憬未来。接着，郝老师适时引入"SMART"原则，借助沙耶加和自己的人生规划来讲解如何有效定目标，最后水到渠成地让学生定下自己的目标。

在这个教学过程中，郝老师始终以生为本，关注学生的心理，一步一步引导学生跟自己产生情感共鸣，达成教学目标。这是润物无声、春风化雨的教育。学生跟随自己内心的情感，一步步找到内心深处的渴求。最重要的是，这堂课不是以教师为主体的"一言堂"，而是教师成为课堂的引导者，把课堂还给学生，充分发挥学生的主体性、能动性。教师不再是高高在上的知识灌输者，而是和学生一起讨论、交流的引路人，在共情中唤醒学生对未来的憧憬。

有目标就一定能成功吗？郝老师以自己人生目标并未实现的事例让学生思考成功与失败的定义，让他们明白：为宏大目标而拼搏的经历，将来一定会成为自己的力量。

郝老师抓住了人生观、价值观尚未形成的初二学生的心理，让他们先战胜自己，树立正确的人生观、价值观，明确终身成长的意义。她趁势引导学生学习"SWOT"战略分析法，学会聚焦强项和优势，充分利用机会和资源实现自己的目标，并以自身经历为例，把分析和对策清晰地展现出来。最后，也是最重要的一步，就是坚定信念。当学生在老师的引导下心有所动时，最重要的就是坚定其信念。

人生就像一场电影，每个人都是自己的导演。能遇到郝老师这样优秀的引路人，上这样一堂电影课，学生们的人生注定会更加精彩！

（雷娟：陕西省渭南市铁路自立中学教师，教学设计多次被评为省级一等奖，曾获学校优秀教师、校本研修先进个人、教学能手等称号）

【影课延伸】

目标对人生具有巨大的引导作用。在初中生的生涯规划辅导中，确立人生目标是非常重要的。《垫底辣妹》电影课帮助学生认识确立目标的重要性，了解定目标的原则。下面的课例通过游戏体验让学生坚定信念，设定阶段性目标。

新学期，我有个小目标

[活动目标]

1. 认识到信念的重要性。
2. 设定自己的阶段性目标。

[活动准备]

准备课件；每人一张 A4 纸。

[活动过程]

一、观影导入

观看影片《垫底辣妹》中沙耶加刚进补习班的片段，引出本课主题。

了解"习得性无助"，即一个人经历了失败和挫折后，面对问题时产生的无能为力的心理状态和行为。

二、游戏活动

1. 做填空题

题目：（　）＋（　）＝成果

答案：信念＋方法＝成果

2. 做计算题

题目：（　）% 信念＋（　）% 方法＝100% 成果

答案示例：50%＋50%；20%＋80%；60%＋40%；1%＋99%；10%＋90%……

3. 验证公式

活动规则：有 A、B 两个点，两者相距大约 5 米。全班同学分成四个大组，每人都要由 A 点到达 B 点，到达的方式是自己独有的，如果前面有人用过这种方法，就要换一种，且不能借助外物。游戏将进行两轮，不能重复自己上一轮的方法。

方法示例：在地上翻跟头，在地上滚过去，爬过去，倒着爬……

分享示例：

（1）这次活动让我体会到，只要心里想着一定要完成任务，方法就会有很多。无论做什么事情，心中都要有信念。

（2）轮到我完成任务的时候，我很害怕，觉得自己一定做不到，可内心又有一个声音告诉自己，一定不能是最后一名。于是，一个新奇的方法就在脑海里蹦了出来……

（3）得知我是第二轮最后一个做游戏的人时，我的内心是崩溃的。同学们已经用了差不多 80 种方法了，哪里还有新方法啊！这几乎是不可能完成的任务。不过，当看到大家都那么拼的时候，我忽然有了一定要成功的信念，最后竟然顺利完成了任务。

三、定下小目标

大声喊出自己本学期的目标：我要……

示例：减肥，在地理学习方面有突破，每次英语小测验都得满分，提高数学成绩，多读书，写一手漂亮的钢笔字，通过体育测试……

别忘了说爱，孩子

——《疯狂原始人》课堂实录

【电影简介】

电影《疯狂原始人》讲述了一个居住在山洞中的原始人家庭冒险旅行的故事。原始人咕噜一家六口在老爸瓜哥的庇护下生活，他们每天以鸵鸟蛋为食，白天要躲避野兽的追击，晚上听老爸讲述同一个故事，在山洞里过着一成不变的生活。大女儿小伊是一个和老爸性格截然相反的对新事物充满好奇的女孩。她不满足于一辈子待在这个小山洞里，一心想要去看看山洞外面的新奇世界。没想到，世界末日突然降临，山洞被毁，他们一家人被迫离开家园，开始了一场全新的旅程。离开居住了"一辈子"的山洞，展现在他们眼前的是一个绚丽却又充满危险的新世界，到处都是食人的花草和叫不出名字的奇异鸟兽。一家人遇到了前所未有的危机。在旅途中，他们遇到了一个游牧部落的人——盖，他有着超凡的创造力和革新思想，帮助咕噜一家躲过了重重困难。途中，他还发明了很多"高科技"产品，让咕噜一家懂得了过日子需要用脑子。

【观影背景】

初二的学生已经进入了青春期，与父母的沟通成为他们的烦恼之一。他们独立意识越强，就越想挣脱父母的管束。他们有意识地摆脱童年期的直率和纯真，以怀疑和审视的态度来观察周围的事物，不愿意原封不动地接受父母的意见，也不愿意与父母讨论自己的事情。理论层面的说教对他们作用不大，不如看部电影吧，《疯狂原始人》就是不错的选择。

【观影目标】

1. 了解亲子冲突产生的原因。
2. 通过讨论，激发学生主动和父母沟通的意愿。

【电影课堂】

一、讲故事

师：看完这部影片，你想到哪些词？

生：亲情、友情、爱情、光明、恐惧、理解、合作、梦想……

师：请根据你喜欢的那个词语，概述《疯狂原始人》的故事情节。

生：《疯狂原始人》讲述了盖带领小伊一家人逃生的故事。在这个过程中，瓜哥学会了用脑子思考问题、解决问题，最后走上追随光明的道路。

生：这部电影告诉我们，不要墨守成规，要敢于创新、敢于探索、敢于发现，只有这样才能更好地生存。

生：这部电影讲述了小伊一家人从对新事物感到恐惧、封闭自己，到敢于体验、敢于冒险、敢于挑战的故事。

生：这部电影讲述了咕噜一家由原始生活走进文明世界的历程。

生：这部电影描述了孩子和父母之间由不理解走向相互理解的过程。

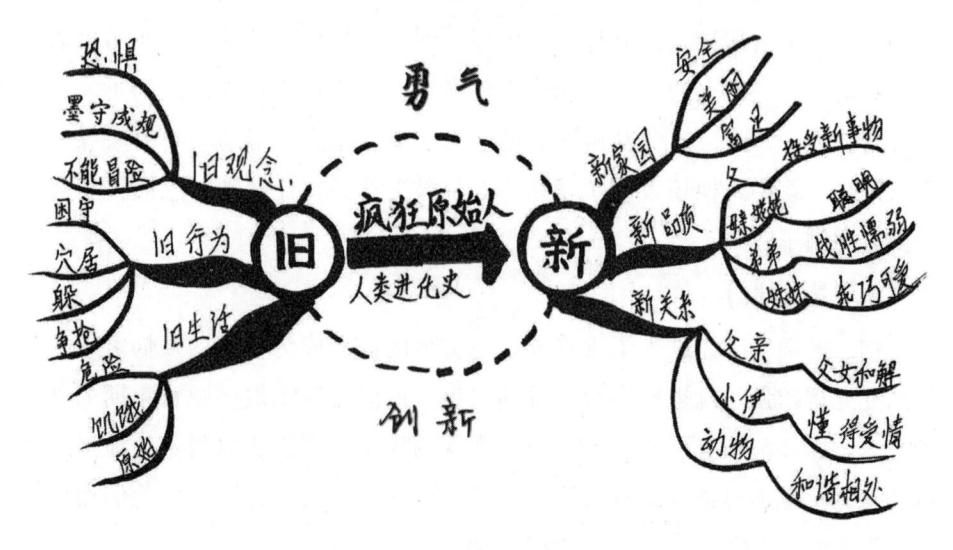

二、聊人物

师：你对影片中的哪个人物感兴趣？为什么？先看老师的人物解读，再谈你喜欢的人物。

小伊和盖：处于叛逆和追梦的年龄，是青春的象征。和父辈形成思想上的对立——"永远不要害怕"和"永远要害怕"。

坦克：十岁左右，遵守规矩，害怕新事物。

瓜哥：四十岁左右的男子，是家庭支柱，也是力量的象征，思想保守。

小伊母亲：亲和、善解人意的中年女性。

小珊：三四岁的孩子，拥有巨大的牙齿，还不会说话。拿手本领是追逐和撕咬，是人类欲望的代表。

生：我喜欢小伊。她是一个聪明活泼的女孩，不仅敢于追求梦想、打破束缚，而且敢做敢当，坚持寻找光明。

生：我喜欢盖。他聪明机智，野外适应能力很强，带领小伊一家从黑暗的山洞走向光明的未来。小伊在危险的时候呼叫他，他随叫随到，信守承诺。每次危机降临，他都能找到解决问题的方法。

生：我喜欢瓜哥，因为他总是尽心尽力地保护家人，不让他们受到伤害。虽然他有一些地方做得不好，但认识到错误之后，他很快就改变了自己的思想和行为。敢于改变，就是他最令人敬佩的地方。

生：我喜欢瓜哥。他是个有责任感的男人。他为了保护自己的家人，让大家居住在山洞里、生活在黑暗中。他的一系列行为都体现出他对家人那份深厚而又浓烈的爱。

生：瓜哥是一个个性鲜明的人物。之前一家人在他的要求下过着封闭的、拒绝一切新生事物的生活。他的女儿小伊不理解他所做的一切。他固执地认为，一家人都需要他来克服困难，需要他来保护，他所做的一切都是正确的。这种爱的方式确实不妥，最后他也改变了自己，得到了女儿的理解。

三、议主题

师：在这部影片中，你能否看到自己家的影子？

生：能。我的父母和瓜哥一样，不准我干这个，不准我干那个。我和他们也会经常爆发"战争"。

师：你认为爆发"战争"的原因是什么？

生：观念的不同。父母总担心我做错事、浪费时间、不好好学习、会有危险……

师：这些想法对不对？

生：对，他们也是为我好。只是我不认同罢了。

师：这就是矛盾的根源。父母用自己的方式爱孩子，但孩子有自己的想法。从哪些情节能看出瓜哥用自己的方式爱孩子？

生：瓜哥最后一个吃食物，这让我们看到了父亲的牺牲精神；每当小伊和盖在一起时，瓜哥很生气地把他们分开，这让我们看到了父亲对女儿的呵护；瓜哥吃着盖打猎而得的肉，神情失落而无奈，这让我们看到了父亲的不易；瓜哥毅然把所有人抛向对面，给了大家生的希望，却把自己置于险境，这让我们看到了父亲的担当。

师：既然大家都认识到父母的不容易，那么我们和父母的矛盾究竟该如何化解？影片给出方法了吗？

生：要学会理解。电影中的小伊最终理解了自己的父亲。

生：要学会改变。瓜哥由恐惧新事物，逐步变为接纳新事物；小伊由处处与父亲对抗，最后变为相信父亲、牵挂父亲。

师：你提到了"改变"这个词，很准确。有了改变，才会有合作、梦想、希望、光明……这些是建立在"改变"这个基础上的。因此，解决矛盾需要双方的改变，如果父母一时不能改变自己的思想和言行，你将如何做？

生：要学会表达爱。生活中的矛盾和摩擦没什么大不了的，最关键的是表达爱。

师：要怎么表达呢？

生：我每天都把自己一天的活动以及心情告诉父母，父母也会和我聊他们的生活。总之，爱是要让他人知道的。影片中小伊和父亲的拥抱就是爱的最好表达。

四、做练习

每天放学回家后，给父母一个拥抱，并说"我爱你"。坚持一周，观察你和父母有什么变化。

【学生观感】

吴金堃：《疯狂原始人》讲述的是穴居部落逐渐转变为文明部落的故事，也是少女小伊与父亲从水火不容到相互包容的故事。故事中的人物有主有次，但都个性鲜明。我最喜欢的是这个家族的权威人物——瓜哥。虽然一开始他和小伊有冲突，但他始终为女儿操心。他的思想本来是落后的，后来慢慢发生了变化。他勇敢地接受新事物，在紧急关头救了自己和他人，这体现了他的爱心和勇气。这部电影带给我的不只是表面上的欢乐，它告诉我：只有不断创新，才能走向新的生活。

刘彦兵：《疯狂原始人》主要讲述了瓜哥一家人和盖为了追随光明而去探险的故事。我最喜欢的是瓜哥。因为他使我想起了自己的父亲。瓜哥总是在危险面前义无反顾地保护家人。他曾经反对小伊和盖在一起，甚至要摧毁他们的梦想，但他这样做是为了小伊的幸福，不想让小伊受到伤害。在追寻光明的路上，瓜哥和盖有过不少冲突，但他这样做也是为了家人。他心中排第一位的永远是家。他们历经重重困难和挫折，有过争吵，也有过欢笑，最终取得了胜利，并且从开始的落后封闭走向文明，成为一群勇于追求梦想的文明人。

王佳颖：从前，有一个原始人家庭，他们遵循着古老的传统，在黑夜降临之后不再外出，只待在幽深的山洞里。一个名叫小伊的女孩渐渐对这个规定感到厌烦，总是质疑"为什么要遵从"，颇有叛逆的味道。她认识了思想先进的原始人盖，并逐渐改变了自己的陈旧观念，而她的父亲瓜哥因为盖的到来而感到了自己地位的动摇。瓜哥在经历几次惊心动魄的意外后，与盖交谈了一番，最终认可了盖，并因为盖的"末日"寓言而率领家人去寻找光明。他们在这个过程中展现出顽强的意志与坚定的信念，最后接受了先进的思想，成就了原始人的"明天"。

张权颖：这是一个穴居家庭的故事。瓜哥作为一家之主，拥有最大的权力，而小伊是他的大女儿，处处挑战他的权威。小伊希望追随太阳，而瓜哥认为那是极为危险的事情。后来因为盖的加入，小伊和瓜哥之间闹得不太愉快。在一路冒险的过程中，两人都在改变，最终互相理解，缓和了关系。小伊终于感受到了父亲的爱。我最喜欢的人物是小伊，我很佩服她勇于探索的精神。这部电影让我懂得了很多道理，也让我有了很多体会：我们要有敢于探索的精神，要有自己的目标和追求。同时我也明白了，父爱是如此伟大，我们要理解父亲的行为，认真地去爱他。

【教者说课】

不想回家的女孩

这段时间就觉得你不对劲儿。

你会时不时忘记语文作业，上课时经常走神，还写不出一周前布置的作文。每当我走到你的桌旁，你忽闪着美丽的大眼睛，只顾专注地看着我，根本不记我讲的重点。那眼神里写满了期待！可是当我下课时问你："有什么事情吗？"你却笑着说："没有。"

可我知道，你有。改变都是有原因的，更何况是这么大的改变。最近我们学习《木兰诗》，要求每节课默写一部分，不过二三十个字，可你竟然连续两次都没默写出来。于是我对你说："下午大课间去我办公室，我们谈谈。"

下午，你来了。我们俩坐在靠窗的沙发上。沙发很舒适，可以把我们的身子包裹进去。阳光也很灿烂，照着茶几上那束绽放的太阳花。你朝我笑笑，我也微笑着回应。你不开口，我问："最近有什么事情吗？"你依然笑着对我说："没有啊。"我说："不对。"我列举了你许多不正常的反应，然后问："真的没有要对我说的吗？现在我们俩不是师生，是朋友。"你沉默了，依然不开口。我静静地注视着你，给你鼓励的眼神。过了好久好久，你的眼圈红了，接着大滴大滴的眼泪一颗一颗地滴落。依然是沉默。我说："要不这样吧，你在这里看看书，我不打扰你，如果想和我说话，回去后给我写封信吧。"你摇摇头。我知道你还是想说，但是不知道该如何开口。我静静地等着，不再催你。

终于，你开口了："是父母。他们管得太紧，我一点儿自由都没有，我很烦。"

我松了口气，能说就好。我开始静静地听，不作任何评价，只是鼓励你："你想怎么解决呢？"

你的话匣子一下子打开了。你说，他们不允许你上网。我知道这对你是不可忍受的，因为班上好多同学都有 QQ，都在一起聊天。你说，他们不给你一丝空闲时间。白天上学，晚上做作业。周末有一天时间在外面学习，另一天要写作业，不能玩，更别提和朋友出去了。你说，他们限制你用零花钱。你也想和同学们一样，有一点可以自由支配的钱，可是他们说，小孩子不愁吃不愁穿，拿钱干什么。你说，你简直无法和他们沟通。因为父亲脾气很暴躁，说一不二，不给你任何说话的机会，从来不考虑你的感受。曾经有一次，你写信给他们，结果他们说："有什么话不能当面说，还得这样？"

你说，最让你不能忍受的是他们的不信任。平日里，他们会偷翻你的抽屉和书包。有一次，你敲了半天门都没人来开，后来你看到自己的东西被动过了。周末时，他们还会说："我们不在家时，你又上网了，我们知道。"

因此，你不能给同学送礼物，收了同学的礼物也不能往家里带，只能交给同学保管。你越来越烦，曾经不吃饭就摔门而出。每天中午、晚上放学后，你都磨蹭着不回家，你说，你讨厌回家。

我无言以对。站在父母的角度，没错；站在孩子的角度，也没错。其实我们早已习惯把自己所爱的人当成一件属于自己的物品，疼爱它、约束它、看管它，生怕一不小心就会失去它。在这个过程中，爱变了味道，爱的过程成了不信任的过程，家也变成了一个令人窒息的牢笼。

我能体会你现在的心情，也能理解你父母的心情。可是不回家不是解决问题的办法。我问："需要我和你父母谈谈吗？"你说："不用，他们很顽固，不会改变。""那好吧，如果你需要，我随时都可以帮你。不过回去后一定要好好考虑，出现问题并不可怕，关键是我们得想办法解决它。先回去想想解决的办法好吗？"

你走了，是红着眼睛走的。因为你一直在流着泪诉说。我知道短时间内，你们不会有所转变，但是我期待着你们的思考。

下周的电影心理课，就讲如何与父母沟通吧，只不过面对处于青春期的你们，我没有把握。这本来应该是个双方交流学习的过程。这部《疯狂原始人》真的不错，或许能让你们心中敞亮些。

【影课评点】

评《疯狂原始人》电影课

陈淑芬

郝老师的电影课构思精巧、层层推进、寓教于乐、入情入心，特别适合初二学生。

整节课共包含讲故事、聊人物、议主题、做练习四个环节，环环相扣，抽丝剥茧般引领学生由电影观照自身，进而理解父母的良苦用心，可谓匠心独运。郝老师先让学生用一个恰当的词语概括整部电影给自己的印象，再根据词语概述故事情节，这符合学生的认知特点：先从整体上把握，再从细节上进一步感知。一千个读者就有一千个哈姆雷特，不同的人由于自身经历及性格特点等差异，在观影时，所关注的内容会有不同。先用一个词概括整体印象，再从细节上去印证，符合平日的阅读习惯。学生概括的词语千差万别，有亲情、友情、爱情、光明、恐惧、理解、合作、梦想……引出的相应情节也有所不同。通过这一环节，学生们完成了对电影的简单回顾和初始理解。

紧接着进入第二个环节：聊人物。郝老师抛出了问题："你对影片中的哪个人物感兴趣？为什么？先看老师的人物解读，再谈你喜欢的人物。"这个环节不仅落点明确，而且有法可依。学生对人物也有自己的认识，但可能会不够清晰。郝老师给出的人物解读可以使学生的认识由模糊变得清晰，在此基础上谈自己的好恶，就会有理有据，不至于漫无边际。从学生逻辑清晰的回答中，可以看出郝老师在日常教学中对学生的训练很扎实。

在前两个环节的层层铺垫下，郝老师引领学生由表及里地深入讨论电影主题。郝老师选取了"亲子关系"这一最贴近学生生活的主题。她先抛出"在这部影片中，你能否看到自己家的影子"的问题，让学生联系自己的生活讨论；继而引领学生思考"战争"的导火索并体会父母的良苦用心；最后循循善诱地让学生结合影片中的情节理解父母的不易，并从中寻找解决现实矛盾的方法。学生在讨论的过程中重温影片中的相应情节，进一步体会并理解父母的良苦用心。一切都自然无痕，润物无声。

第四个环节，布置学生用一周的时间，和父母进行爱的表达训练。教学环节由课内延续到课外。学生在练习的过程中实现内心的真正成长，学会理解父母以及表达心中的爱。

从"学生观感"中，我们可以看到经历了这样的学习后，学生对电影的深刻理解及自身的成长。"教者说课"中，郝老师又通过叙写真实案例，让我们进一步认识到处于青春期的孩子与父母进行有效沟通的迫切性和必要性。

整节课的设计清晰明了，实用性极强。初二年级的学生已有了成人意识，他们想要独立自主地解决生活中遇到的一些问题。但父母总是把他们当成小孩来保护，以免他们受到伤害。这就成了二者间各种矛盾的导火索。如果我们仅凭说教来给学生做思想工作，让他们理解父母，往往会适得其反，使他们产生强烈的逆反心理。郝老师的电影心理课抓住了孩子们爱看电影的心理，选取了合适的电影，让他们在讨论交流中反观自身、理解父母。课堂设计巧妙，自然取得了事半功倍的效果。

电影中的瓜哥是一个40岁左右的中年男子。他很有责任心，尽心尽力保护着一家人。吃饭时，瓜哥总是等大家都吃完再吃；看到小伊和盖在一起时，瓜哥生气地将他们分开；当瓜哥吃着盖狩猎而得的肉时，又因自己的地位被取代而伤感。从这些情景中，学生很容易找到自己父亲的影子。

瓜哥的女儿小伊是一个正处于叛逆期的女孩。她向往山洞外的光明，渴望挣脱父亲的保护伞。这部影片非常贴合学生的生活实际，容易引起他们的共鸣。影片中，瓜哥和小伊都通过改变自身，理解了对方。现实生活中，学生也可能会受到影片的影响，先改变自身，大胆地对父母表达爱意，而后实现相互沟通。

由本节课的设计，我们可以感觉到郝老师是一个懂孩子、懂心理、懂语文的老师。她的电影心理课极富灵性，给我们提供了可资借鉴的范本，也让我们懂得了只有走进学生内心的教育才是成功的教育。

最后，我有一个小问题想和郝老师商榷。"做练习"环节中，郝老师让学生在一周内每天放学回家和父母拥抱，并说"我爱你"，不知道在具体实施过程中效果如何？依我个人愚见，总觉得有些太刻意。中华民族是一个含蓄的民族，我们总是羞于直白地表达爱。是不是可以让学生试着每天选取一个固定的时间和父母坐在一起聊聊天，说说学校的生活、自己的心情？或者，每天给父母写个小纸条，把一些想说又不好当面说的话写下来，和父母进行纸面交流呢？我想，只要沟通的渠道打开，父母子女间的爱自然会流淌出来，不必刻意为之。

（陈淑芬：北京市第十中学教师，丰台区语文骨干教师，多次教授市、区级研讨课，多篇教学论文获市、区级奖项）

爱孩子，从改变自我做起

周忠玉

就像没经历过长夜的人不知道夜的黑一样，没有经历过亲子关系紧张的人永远无法理解一个孩子的叛逆对抗与父母的失去理智有多么可怕。

要是我能早一点观赏电影《疯狂原始人》，要是我能早一点知道晓琳老师的电影课，或者，要是我能早一点成为晓琳老师的"学生"，我和女儿也许就不会那么较劲儿。

我从老爸瓜哥身上看到了自己的影子。我希望逐渐长大的女儿少受男孩的干扰，希望她将注意力全部转移到学习上，希望她不要将精力花到追星上……然而，我能想到的一切问题都在女儿身上出现了：有了喜欢的男孩，凌晨还在更新 QQ 状态，买了各种她喜欢的男星代言的产品……

那时的矛盾，曾升级到我只因看了她的一张聊天截屏，就脑子一蒙，血往头上涌，顺手将她考上省重点高中的奖品——平板电脑，高高举过头顶，狠狠地当着她的面摔下，用了不到两三个月的平板电脑，屏幕被摔碎了，同时被摔碎的还有女儿的心。这个高一数学曾拿满分的孩子，期末考试只考了 25 分……

在学校，女儿还被她认为是"权威人物"的老师委婉地劝转学（我们一直不知道）。现在敲打出这些文字时，我内心剧痛，不是因为孩子没朝我们希望的方向成长，而是因为自己竟然不知道女儿当时的无助。我只记得那个寒假，我按照自己的意愿劝她去补课，她没去，记忆里只剩下她蒙头睡觉或躺在床上对着雪白的天花板发呆的情景。那一年本不该这样，女儿刚考上省重点高中，我们刚搬进三房朝阳的大房子，一家人心头的那份喜气还热烘烘的。

艳平在我最痛苦不堪的时候点醒了我："你找晓琳姐聊聊。"

刚开始我内心是拒绝的，要命的虚荣心使我不想把糟糕的一面暴露给别人看。高二上半学期，女儿彻底不想上学了，爱她如命的先生将赖在床上不肯上学的她拖到客厅，用晾衣竿狠狠地抽打她，而女儿似乎心如死灰，不躲不逃，一副"你打吧，打死我就好了"的样子。我们也绝望了，不去就不去吧。我让她同学帮她整理好班级的书本和学习用品，全部拿了回来。一个星期后，虽然她主动提出要返校，但这些事情，让我们和女儿的关系更加冰冷。

晓琳老师对我说："凡是出了问题，一定要先从自己身上找原因。"

我说："我爱她，我们都爱她，我们希望她少走弯路，难道有错吗？"

晓琳老师说："你们是以自己的方式在爱她，实际上是极度自私的；你只爱那个优秀的女儿，但爱是全部，包括她的优点和所有的缺点。"

"一语惊醒梦中人"。我反复问自己，也问她爸爸："假如我们的女儿原本就不这么优秀呢？我们还会爱她吗？假如她就智商平平考不上好的高中呢？假如她一出生，身体就自带缺陷，我们还会不会爱她？"

答案是肯定的。我们爱她。无论她健康与否，无论她优秀与否，她对于我们的家庭都是独一无二的存在。

这就是改变。我们从思想上改变了对女儿的期待。然而，在行动上，我们力不从心。就算我们真的让女儿活成她自己喜欢的样子，她现在也不知道自己要活成什么样子了。落下长达几个月的课程，让她失去了自信。考出来的分数让这个原本以成绩为傲的孩子感到深深的屈辱。

晓琳老师说："你们要用行动去证明你们是无条件地爱她的。比如，每天在纸上写上女儿的优点，无论是现在的还是过去的，越多越好；每天对她真诚地说出她的优点；每天由衷地夸奖她；每天给她一个拥抱……"

我想，只要可以改善，我都可以去做。事实上，在她十岁之前，我常常在重要的日子写信给她，对此，她在同学面前一直引以为傲，因为她认为自己有一个不一样的、超有才的妈妈。

于是我专门买了便笺本，每天写一些话，读给女儿听，也让她爸爸这样做，可他做这些事有点敷衍，也许是认为我的做法很幼稚。我记不清自己坚持了多少天，反正是挺不容易的。这时候我们不能盯着她的学习，只能管她的生活，陪她吃饭、休息、放松，给她最强有力的支持。到了高三，我们在学校找了一间宿舍，母女俩一起去学校食堂，吃我或她奶奶准备的可口饭菜，中午一起休息。大雪飞扬的中午，别的孩子要么休息要么学习，我们开着车到滨湖公园，在寒风中和大雪狂舞一把，拍几张雪景再返回宿舍休息。她的分数永远在最后，但家长会我从不缺席，一直坐在第二排。后来，奇迹首先发生在我身上，我发现不盯着女儿的学习，就会看到她的无数优点。她善解人意，会在我和她爸爸发生冲突的时候给我安慰，还做她爸爸的思想工作，让他先向我妥协；她善良有爱，每次做公益活动回来，说起敬老院的奶奶，就像是自家亲人，她还常常用心写作，表达对这一群体的关爱，希望有更多人加入公益组织；她细心能干，每次外出旅行，订票、订宾馆、背包、打伞、提醒我带手机、带房卡的都是她。用晓琳老师的话说："不是妈带着孩子，而是孩子带着妈。"我深有感慨。

作为教师，我面对自己的学生，也就是别人家的孩子时，一直是肯定长处，并时刻鼓励、赏识他们的。我的女儿一直很优秀，只是我把理解、耐心和赏识给了学生，而忽略了自己的女儿。她爸爸大概也是这样。记得中考查分那一天，当女儿的舅妈用电话查出681的高分时，我们人人激动。女儿却号啕大哭，当时可把我们吓坏了。我们本以为她大哭是因为经历了初中三年的辛苦，现在心情终于放松了。我连忙抱紧她，可是她越哭越委屈、越哭越伤心，她爸爸不停地抽纸巾给她。就这样过了好久，她才平息下来，我问她："怎么了？"她竟然说："我在爸爸的班上，他三年都没当众夸过我。她说完又忍不住哭了起来。"这件事给我们带来的心灵触动不亚于剧烈地震。她爸爸真的很爱她，愿意满足她的一切需求，在某种程度上比我还会疼她。可是，身为班主任和父亲，他却无法当众夸一下孩子。后来，她爸爸当着我的面对她说："我做得不够好。你是自己家的孩子，爸爸以为你会懂啊。"在班主任、语文老师、父亲、朋友这多重身份中，女儿最看重的是前两个身份的肯定和赏识。女儿作为班级三年的团支部书记，每一期黑板报都是亲自出。在千人以上的同级学生中，她最好的名次是年级前15名，女儿还做过级部活动主持，参加过演讲比赛和舞蹈表演，怎么就不能或不该被身为班主任的父亲当众表扬一次呢？

我们开始反思：爱需要表达，要大声说出口，要有一个又一个实际的行动。我们一家开始互相赞美。如果有矛盾，为了防止口头交流起冲突、伤感情，我们会采用短信交流，说出自己的真实感受，并表达我们的爱。

后来，女儿开始主动认真学习。对于通过自己努力难以在短期取得进步的数学，她选择了最喜欢的王老师来辅导，进步很大。高三百日誓师大会结束时，她又提出请一位英语老师来辅导，我们请了陈老师。晓琳老师还发来了根据女儿模考成绩亲自拟订的补差提优方案，让女儿评估自己，细化到每一学科可能上升多少分，哪些部分可以提分。于是，在她身上出现了小小的奇迹：她按照老师的要求背了高中教材中所有要背的单词，每周去老师那里自己讲错题……那一届高考英语很难，但是她考出比任何一次模考都要高的分数。我们一家人都对这几位老师由衷地感激，不仅因为她们在短期内帮孩子提高了成绩，而且因为她们全心全意地爱她、信任她、赏识她。王老师常对女儿说："你是凭实力进我们学校的，你能行。"陈老师常常着女儿和我的面说："你女儿学英语有天赋，听力和语感都特别好。"这句话多么熟悉，原来，她上小学时的英语老师也这样对我说过。而晓琳老师常对女儿说的话是："你比你妈妈能干。"我想，作为老师，理解孩子、肯定孩子，并适时恰当地赏识孩子，也是一种教学能力。

最后，女儿高考成绩超出了二本分数线，我们家欢天喜地。因为，我们坚信，在她的身上还会有无数奇迹出现。是的，没有什么不可能。只要你愿意改变自己，电影中小伊拥抱瓜哥的幸福也会出现在你我身上。

（周忠玉：江苏省盐城市射阳县初级中学教师，盐城市学科带头人，江苏省教科研先进个人，江苏省第七届乡村骨干教师培育站主持人，江苏省教育研究成果奖者，著有《周忠玉青春语文古诗文教学实践13例》）

【影课延伸】

冲突在青少年与父母之间的交流中虽然难以避免，但如果能有效处理问题，可以缓解冲突。《疯狂原始人》电影课帮助学生了解了亲子冲突产生的原因，并能进一步理解父母。下面的课例让学生通过游戏感受父母给自己的生命力量。

你明白父母的心意吗？

［活动目标］

1. 了解自己跟父母相处的状态。
2. 主动走近父母，接受父母的爱。

［活动准备］

每人两张A4纸。

［活动过程］

一、观影导入

观看影片《疯狂原始人》中瓜哥与小伊发生冲突的片段，引出本课主题——如何明白父母的心意。

二、热身活动

拿出一张长方形的纸，跟着口令操作：对折，对折，再对折，撕掉任意一个角，展开。观察纸的形状并思考：为什么指令相同，但是结果不同？

教师点拨：在与他人沟通交流的过程中，我们有时候并不能够准确地理解他人的意思，因为信息在传递的过程中会产生偏差，矛盾也因此而产生。

三、听故事，谈感受

1. 《一碗馄饨》：女孩和妈妈吵架，妈妈把她赶出家门，叫她永远不要回来；面摊的老婆婆请她吃了一碗馄饨，并劝她回家。

教师点拨：文中的女孩正确理解妈妈的意思了吗？我们一定要冷静地分析别人的话真正要表达的意思，这样才不会伤害他人，让自己后悔。

2. 《不想回家的女孩》：一个女孩无法忍受父母的管教，不想回家。

教师点拨：女孩的故事带给你什么感受？由于年龄、阅历、身份等种种不同，再加上缺乏有效的沟通，家人之间可能会出现彼此不能理解的情况，换位思考是达成理解的最好方式之一。

四、游戏活动

1. 心理画像

要求：在纸上画出自己心目中家的样子，并与他人分享。

师生对话示例：

师：你画的家很奇怪，怎么像个城堡？没有窗户，也没有门，人在哪里呢？

生：只有我自己在里面，你看不到。

师：为什么要把自己封闭在里面？连门都没有，是不想出来吗？

生：老师，我明白了，我的心灵是封闭的，我不愿意袒露自己。

师：开一个门吧，让自己出来，也让别人进去。

2. 心理实验

活动过程：在纸上写下你最珍爱的五种事物，其中两个必须是"我""妈妈"，比如"我、妈妈、电脑、金钱、知识"。首先从中划掉两项，一旦划去，就意味着它们从生活中消失了。在划去以前，你要不断回忆它们在平日里给你带来的快乐。最后只保留"我""妈妈"两项。想象你和妈妈坐在船上，像泰坦尼克号的乘客一样遭到了灭顶之灾，只有一个人能活下来，请你在一两分钟之内作出决断。最后看一看窗外，想一想：自己最后留下了谁，为什么？你从中明白了什么？

分享示例：

（1）（违规）我留下的是我和妈妈。我死了，妈妈也活不下去；妈妈死了，我也不想活了。我和妈妈紧紧连在一起，我们的命运相同。

（2）我留下的是妈妈。妈妈养育了我，给了我很多东西，我要让她活下去。真的到了危急关头，我真正体会到我最爱的是妈妈。

（3）我留下妈妈。不知道为什么在那一刻我留下了妈妈。我希望妈妈快乐。平时我不应该跟妈妈顶嘴。

（4）（违规）我留下的是我、爸爸和妈妈。我不能没有他们，让我做出选择真的很难。我虽然经常和妈妈吵架，有时候不想理她，但我决定今后再也不和她吵架了。

（5）（违规）我留下的是我、爸爸、妈妈和友情。爸爸妈妈生我养我，我爱爸爸妈妈。这次我的腿被烫伤了，走路很不方便，是同学们帮助了我。友谊是不能用金钱来衡量的。老师说只能选一个，但是我无论如何也要选四个。

成长的烦恼，你可知道？

——《小孩不笨2》课堂实录

【电影简介】

电影《小孩不笨2》以新加坡竞争激烈的教育氛围为背景。故事中，杰利、学谦、成才三个孩子，在面对青春期的叛逆、父母的管教时，产生了许多困惑和烦恼，也走了不少弯路。影片真实地反映了青少年在学校和家庭中面对的压力。

【观影背景】

初二时，学生逐渐产生较明显的叛逆心理，易与父母产生误解、矛盾，甚至是冲突，导致双方关系紧张和疏远。如果不加以引导，会直接影响他们的学习和成长，也会导致人际关系问题。电影《小孩不笨2》中亲子关系的冲突与和解，可以很好地启发和引导学生思考自己与父母的关系，看清父母"不爱"自己的真相，从而学会正确面对与父母的关系。

【观影目标】

1. 了解自己与父母的沟通模式。
2. 运用"我向信息"的表达方式与父母有效沟通。
3. 学会接受和尊重父母，并感受亲人之间的爱。

【电影课堂】

一、盘点烦恼

1. **电影中孩子们的烦恼**

师：请谈谈电影中的孩子们遇到了哪些烦恼？

师生总结：

（1）父母的疏忽；（2）父母和老师的不理解；（3）学习的压力——父母高期待，老师严要求，自己想提高成绩；（4）社会的不良影响；（5）性知识匮乏；（6）校园欺凌；（7）对钱的需求；（8）家庭暴力；（9）学校严苛的管理。

2. 我们的烦恼

师：请说说你们都有什么烦恼。

生：上述的（1）（2）（3）（6）（7）（8）都有。

生：怕辜负老师和父母的期望；怕考不上高中，上不了大学；对未来很迷茫，不清楚自己努力学习到底是为了什么；担心朋友不再和我交往；人际关系处理不好；长不高；成绩老提不上去；自己的脾气不好，想改一改；产生厌学心理。

生：父母不了解我的想法就直接批评我，做错一件小事如同犯了大错一样，有时会挨打，被赶出家门；学习不好，父母总是说我只顾玩手机；父母回家很晚，还总是吵架。

生：学习不好，被老师和父母批评；总有人歧视我，对我说些难听的话，还总是把错误归结到我身上；虽然数学成绩提高了，但父母还是不满意。

生：父母是一堵不可逾越的墙，我每次想做一些自己喜欢的事情时，他们都会反对，仿佛我能做的只有学习。我回家晚了，他们就把我轰到外面。他们还喜欢翻旧账。我不明白，为什么必须对他们无条件顺从？

生：父母不理解我，总拿我跟别人家的孩子比较，让我很难堪。他们总是以我还小为由说我是错的，又用我长大了为借口不管我。朋友中，经常会有一些"间谍"，他们总是以跟我交朋友为由来观察我，还把我的一些事情告诉老师。

生：说实话，虽然我是班级的前几名、年级的前十几名，但我不认为自己是个好学生，我曾立志成为最拔尖的人才，现在想来不过是空想罢了。好学生要具备许多品质，但我欠缺这些品质。学习中有太多竞争对手，我总是希望得第一，但总是不能如愿，我也很无奈。我想考复旦、浙大，但它们都离我太遥远。我实在不知道该怎么办！生活的压力还可以承受，学习的压力最让人不堪重负，不是父母、老师给我压力，而是我自己给自己施加压力。不按高标准要求自己，以后怎能成事？我曾经想成为一名旅行作家，但现在我发现我更喜欢理科，以后高中选科怎么办？太难了。我的烦恼太多太多，说到最后，我都不知道该如何结尾了。

生：我有自己的理想，想选择自己的人生，可父母早就给我规划好了一切。父母总是对我说"隔壁家的孩子……"，父母眼里是不是永远活着一个"别人家的孩子"？当我有伤心事找父母倾诉的时候，他们总说我这做得不好，那做得不对，觉得我小题大做。

3. 烦恼成因

师：老师能理解大家的这些烦恼，但大家知道为何这个阶段会有这么多烦恼吗？下面的小知识可以告诉你。

小知识

12岁到18岁，是一个人的青春期。这个阶段除了生理上会发生很大变化外，心理上的变化也非常大。自我意识在青春期会出现质的变化，对于"自我"的体验和感受前所未有地清醒：对自己产生强烈的兴趣，热衷于思考自己的优点、缺点、特点；常常显得很自恋，同时又夸大自己的缺陷，还总因为自己不够完美而沮丧；独立性增强，希望得到他人的承认和尊重，希望摆脱成人的约束，渴望独立，为此尝试做一些之前没有做过的事情；感情的变化显著，既多愁善感又喜怒无常；开始关注同龄人之间的交往，将彼此之间的交往与认可看得极为重要；不愿意服从家长和老师，希望获得大人的权利，因此常常顶撞父母，以表示自己长大了。

二、聚焦烦恼

师：刚才大家说的这些烦恼中，你最想解决的是哪一类？

生：与父母的关系。

师：好，我们先来回顾电影情节。电影中，父母的哪些言行让孩子很烦恼？孩子是怎么做的？

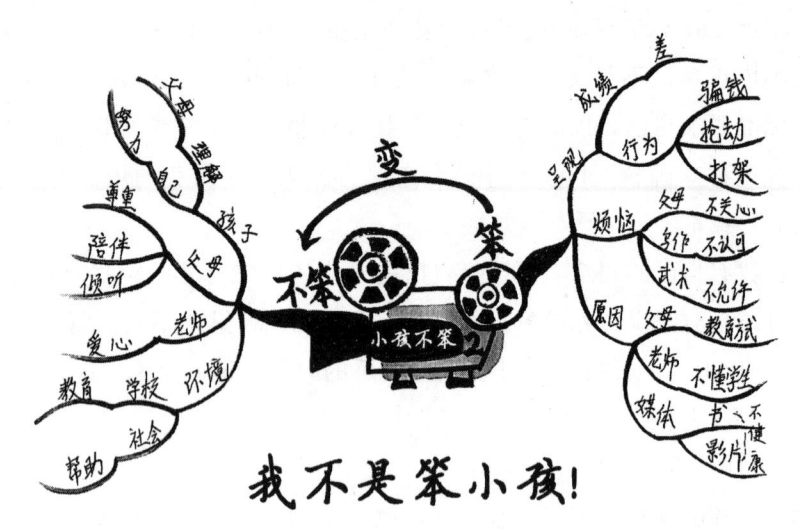

[思维导图：我不是笨小孩！，包含"不笨变笨"、"呈现"、"烦恼"、"原因"等分支，涉及成绩差、行为（骗钱、抢劫、打架）、父母（不关心、不认可、不允许、教育式）、老师（不懂学生）、媒体（影片不健康）、武术、陪伴、倾听、爱心、教育、学校、社会、帮助等关键词]

生：杰利一点也不笨，每科成绩都是甲等，可妈妈很少称赞他，还常常骂他为什么不拿更高一点的分数。

生：杰利想请父母观看自己的演出，可是他连和爸爸妈妈说话的机会都没有！

生：学谦用自己所有的积蓄购买了剃须刀，这是给爸爸的父亲节礼物。结果妈妈说："家里已经有了，还买，真浪费！"学谦说："我是用我自己的钱……"妈妈打断他说："你自己的钱？你的钱还不是我们给你的？浪费钱！"

生：成才的父亲发现成才做错了事，只会打他。

生：杰利为了攒钱买爸爸的一小时，甚至不惜去偷钱。成才学会了打架，学谦和成才交往社会不良青年，偷东西、抢老人的项链，遇到什么问题都不和父母说，他们的心门早已向父母关闭。

师：同学们站在旁观者的角度，看到了电影中孩子和父母的互动模式。那么，你父母的什么言行让你感到烦恼？你一般会怎么做？效果如何呢？接下来我们一起编写烦恼情景剧。

剧本一：

爸爸：闺女，写完作业吃个糖球吧。

妈妈：都10点多了，快背课文，吃什么吃？什么时候不能吃？学习都这样了，你还玩！

我：不就是吃个糖球吗？有什么大不了的。

剧本二：

妈妈：你看咱们楼下的哥哥，地理会考考了 100 分，人家怎么就学得那么好呢？

我：你就不能不唠叨吗？烦死了！

妈妈：还说我唠叨，你有本事就像人家一样考得好啊。

剧本三：

我把同学的一盒笔芯扔到了地上，同学哭了，回家后——

爸爸：你怎么把同学的笔芯扔到地上了？

我：是因为……

爸爸（没等我说完）：赶紧跟同学道歉，跟同学父母道歉。我给你钱，你去买一盒新的给人家。

剧本四：

妈妈：你看你刚才扫地都扫了些什么，要么就好好干，要么就别干。

我：都过了这么长时间了，肯定会有其他垃圾吧？怎么就是我扫得不干净了？

妈妈：你就会找借口，你真是……什么事都做不好！赶紧给我写作业去！

三、应对策略

1. 寻找爱

师：电影中的父母爱自己的孩子吗？有什么具体的表现？

生：给孩子买东西；舍命救孩子；父亲放弃工作救儿子，为儿子顶罪；母亲通过媒体为儿子鸣不平；成才父亲手抄 120 多份介绍信，走访了 120 多所学校，乞求校长收留儿子……

师：父母明明很爱孩子，但为什么孩子感受不到父母的爱呢？这是因为父母表达爱的方式不对，很容易被孩子误读为"不爱我"。因此，学会沟通不仅是父母的功课，也是我们的功课。

2. 表达爱

（1）小知识："我向信息"的表达方式

表达方式	"你向信息"	"我向信息"
语言模式	多用"你"	多用"我"
表达内容	对他人的批判、猜想等	自己的感受、现状及需要
沟通结果	双方无法沟通，甚至激化矛盾，导致关系恶化	有利于对方了解自己的感受和需要，并作出回应或改变行为

师：很多人习惯用"你……"这样的直接数落、抱怨、责备对方的"你向信息"表达方式，如"你让我很失望"，将自己的感觉归咎于对方，加大两人之间的分歧，模糊事件的焦点。正确的信息表达需要"我向信息"来分享感觉，帮助彼此了解与沟通。

"我向信息"表达三部曲——

第一步：事实／行为，即描述引发你情绪的事实与行为。

第二步：感觉，即真实地表达自己当时的感觉。

第三步：说出事实或行为的影响，或者自己希望对方怎么做。

句式：当……时，我感到……因为……我希望……

示例：《小孩不笨2》中学谦用自己所有的积蓄购买了剃须刀，作为父亲节礼物送给爸爸。

剧本一：

妈妈：家里已经有了，还买，真浪费！

学谦：我是用我自己的钱……

妈妈（打断）：你自己的钱？你的钱还不是我们给你的？浪费钱！

剧本二：

妈妈：家里已经有了，还买，真浪费！

学谦：父亲节到了，我看到爸爸的剃须刀旧了，就想送他一个新的，为此，我花光了所有零花钱。听到你说我浪费钱，我心里很难过，我希望你们能明白我的心意。

妈妈：对不起，是我错怪了你。

（2）剧本反转

师：刚才我们学习了一种运用"我向信息"进行沟通的表达方式，请将之前写的烦恼情景剧反转为新剧本。

剧本一：

爸爸：闺女，写完作业吃个糖球吧。

妈妈：都10点多了，快背课文，吃什么吃？什么时候不能吃？学习都这样了，你还玩！

我：我已经学了很久了，也有些累了，吃个糖球正好可以休息一下，顺便提提神，背课文也能背得好一些。你那样说话，真让我伤心。

剧本二：

妈妈：你看咱们楼下的哥哥，地理会考考了100分，人家怎么就学得那么好呢？

我：我也很想考好，但是我现在还没找到好的学习方法。我心里也挺着急，你这么说我就更急了，也很生气，希望你能多理解我。

剧本三：

我把同学的一盒笔芯扔到了地上，同学哭了，回家后——

爸爸：你怎么把同学的笔芯扔到地上了？

我：是因为……

爸爸（没等我说完）：赶紧跟同学道歉，跟同学父母道歉。我给你钱，你去买一盒新的给人家。

我：今天是这位同学不停地碰我的铅笔盒，怎么说他都不听，我才扔了他的笔芯。爸爸，你这么说我，我很伤心，也很委屈，我希望你每次都能听完我说的话。

剧本四：

妈妈：你看你刚才扫地都扫了些什么，要么就好好干，要么就别干。

我：我主动扫了地，想承担一部分家务活，没想到你这样数落我，我很难过。

妈妈：我的意思是你既然做了这件事情，就要认真做好。

我：我明白你的意思。我想让你认为我很懂事，于是去做家务，下次我会注意的。

3. 接受爱（配乐）

师：请同学们放松，调整好坐姿，闭上眼睛。先做三个深呼吸，然后进行正常的呼吸，感受自己的身体，让自己放松，每一个部位都完全放松。此时，你可以想象爸爸妈妈就站在你的面前，先感受一下他们和你之间的距离，感受一下你是否可以抬头看向他们，他们此时在你面前是怎样的心情。试试自己能不能向他们靠近，并慢慢感受在你前行的过程中，你的脚步是轻松的还是沉重的，你的心情是难过的还是愉悦的。如果你的脚步是沉重的，甚至迈不动脚，可以允许自己停在那里，但要让自己看向父母，表达你此时的感受，或者说一直想对他们说的话。然后带着真诚的感谢和尊重，向他们深深地鞠躬。你甚至可以慢慢走过去，拥抱他们。记住此时的感受，记住父母此时的神情、样貌……当老师数到 3 的时候，请同学们慢慢睁开眼睛，看看周围的同学，互相打个招呼。

【学生观感】

张雅祯：看完了这部影片，我感觉自己心中的某个地方被触动了。孩子的不满、家长的忙碌、老师的无奈，这部电影全部表现了。学校公开鞭打学生，伤了他们的自尊心，让他们没有了尊严；父母总是忙忙碌碌，没有时间陪伴孩子；有的父母不懂教育，只会打骂孩子。其实父母都非常爱自己的孩子，只是他们的教育方式不恰当。电影中成才的爸爸，为了救儿子被人打得住进了医院，不省人事，最终离开人世；而学谦的爸爸为了自己的儿子放弃引以为傲的工作，甚至不惜跪下来求情，替儿子顶罪。父母看了儿子的日记，才明白了孩子的心思，看到了自己对孩子的疏忽。他们的忏悔打开了孩子的心门，孩子原谅了父母，袒露了自己的心声。成才的父亲过世后，成才改过自新，找到了人生目标，苦练武术，最后真的站到了世界级领奖台上。这些令人欣喜的变化告诉我们，只有父母改变，孩子才能改变。如果可以，我希望以后能和父母一起看《小孩不笨 2》。

廖雪羽：这部影片太贴近现实了。在现实生活中，许多家长和影片中的家长一样，想爱孩子，但用错了方式，让孩子误以为父母不爱自己。因此，家长应该学会用正确的方式关心孩子。对于孩子的成长，父母和老师要从不同的角度来看待。比如，学谦的文章写得很好，但是他的母亲认为除了成绩提高，其他都不重要。学校不能用当众鞭打的形式让学生的自尊一点一点泯灭。我们也要学着站在父母的角度去想问题，学会体谅和理解父母，在他们劳累的时候为他们揉揉腿，帮他们分担一些家务，让家充满温馨与和谐。

刁助瑜：这部影片关注我们成长过程中遇到的种种问题。这些问题一部分来自我们自己，一部分来自父母，还有一部分来自社会。父母的疏忽、自己的不自律、社会不良分子的诱惑，再加上学校的教育制度，最后导致了一些问题。如果我们能及时发现、改正，或许就不会造成不良影响。相信我们一定都能顺顺利利度过自己的青春期，因为我们的周围充满了爱。

张雨帆：我从来没看过与现实这么接近的电影，这几乎就是现实生活的折射。电影中的家长，也就是我们的家长。我不明白的是，他们的爱呈现给孩子的为什么是相反的东西？如果你们支持孩子，信任他、尊重他，那么你会发现孩子的长处与天赋。

【教者说课】

这部电影中的每一句台词、每一个镜头、每一个表情都反映了深刻的教育问题。这些问题就在我们身边，甚至就在我们家里，这尤其让人震撼！

多年前，我陪学生看过《小孩不笨1》，那时就有很深的触动。因为从新加坡的爸爸妈妈嘴里说出的那些伤人的话，是那么熟悉；那些对待孩子的行为，也是那么熟悉。《小孩不笨1》适合低年级学生，《小孩不笨2》适合青春期的学生。果真，观影过程中，一些学生默默流泪；而我，也不时红了眼眶。

看完电影后，我们依然是先画思维导图，学生自由地聊电影。之后进入正式的课堂环节。第一个环节是归纳电影中人物的烦恼，再盘点自己的烦恼。第二个环节是聚焦烦恼，编写情景剧。师生通过电影中的一些片段，讨论出现问题的原因，再编写描述亲子冲突的情景剧，以对话为主。第三个环节是讨论应对策略。我教给学生一个沟通小窍门，就是"你向信息"和"我向信息"的转换。这个沟通方法适用于任何人际关系。在沟通的过程中，能引发我们强烈情绪的话通常是针对人而不是针对事。当一个人感到自己被攻击时，他的本能反应便是回击，于是大战就爆发了。学生学习了"我向信息"的表达方式后，改编在第二个环节中编写的情景剧，并体验其中对话双方的感受。我希望学生能真正明白父母的心，全然接纳他们，在父母爱的滋养下活出自己的精彩人生。因此，我在课堂最后带着他们冥想。

一堂课能产生的真正改变可能很少，但我尽最大的努力让学生透过事实，看清爱的真相。

【影课评点】

巧心架设沟通桥梁　妙计消除成长烦恼

熊　幸

看完晓琳老师关于《小孩不笨2》的心理电影课，一个压在我心头十几年的疑虑得以消除。

2009年我接手教初二，利用语文课的时间给两个班的学生播放《小孩不笨2》，并且布置他们写观后感。我的初衷是借助电影中亲子关系的冲突与和解来引导学生理解父母，透过父母不太恰当的爱的表达使他们看到父母之爱。可是事与愿违，我和其中一个班的班主任都发现，看完电影后，部分学生的叛逆心理似乎有加剧的趋势，评讲读后感时我刻意引导，但是收效甚微。我疑心这部电影不太适合叛逆期的孩子观看，此后再也没有给学生看过。看完晓琳老师的课堂实录后，我恍然大悟，不是电影的错，而是我没有做好引导工作。如果我能像晓琳老师这样循序渐进地引导学生，学生又怎会领悟不到家长的良苦用心呢？

晓琳老师的这节心理电影课同时具备实用性、专业性和普适性，对学生、老师和家长都能起到引领和指导作用。

具体体现在以下三个方面：

一、实用性：疏导叛逆心理，引领学生健康成长初二的学生有比较明显的叛逆心理，会对老师和家长的说教感到不耐烦，容易激化矛盾。学生的读后感中，对父母的质问比比皆是，如："谁甘于当一个烂苹果？我也想赢得称赞，但你们又给了我多少希望？"面对这样一群孩子，晓琳老师的引导充满智慧。

第一步是盘点烦恼。

盘点电影中孩子们的烦恼，可以让学生进入电影，了解同龄人的烦恼；盘点自己的烦恼，是让学生获得一个发泄口，知道有人倾听以后，学生就平静了很多。接下来，晓琳老师解释烦恼成因，介绍青春期小知识。这让学生明白，自己的烦恼是成长中的正常现象，不必因此过于自责或怨天尤人。

第二步是聚焦烦恼。

学生最想解决的烦恼主要是与父母的关系。晓琳老师让学生找出电影中的相关片段。旁观者清，当局者迷。对待别人的烦恼，学生会持中立的立场，不加入自己的情绪。接着，师生结合亲子关系中的矛盾，编写烦恼情景剧。情景剧将矛盾显性化，让学生更易发现其中的问题。

第三步是寻求对策。

先是寻找爱。晓琳老师引导学生找出电影中父母爱孩子的表现以及孩子感受不到爱的原因。

接着是表达爱。晓琳老师讲解"我向信息"的表达方式，用一个表格将"我向信息"和"你向信息"区分开来，使学生一目了然。"我向信息"表达三部曲是这节课的精华，是与他人有效沟通的法宝。接着，晓琳老师引导学生运用刚刚学到的方法改编情景剧，在这个过程中改变自己的思维方式和表达角度，学以致用。

最后是接受爱。在音乐声中，晓琳老师通过语言引导学生在冥想中接纳父亲和母亲。从引导语言来看，这需要用到比较专业的心理学知识。

晓琳老师的巧妙设计，让学生的认知水平不断提升，从而消除种种烦恼、快乐成长。

二、专业性：打通不同领域，贴近教师教学需求

这节课的设计里，电影、心理、语文，三个不同的领域糅合在一起，碰

撞出别样火花。比如其中"我向信息"表达三部曲的相关内容，结合了观影体验、心理疏导、语言表达。我的观影课之所以不成功，就是因为少了心理学专业知识的支撑，且未能让学生真正领会电影的精髓。

三、普适性：打破亲子隔阂，提升家长教育智慧

当我以家长的身份来看这节课时，依然收获满满。学生的吐槽让我提醒自己注意平时的言行，不能用"你向信息"与孩子交流；要学习"我向信息"的表达方式，让孩子理解自己的担忧。比如，把平时与孩子发生冲突的一个个场景记录下来，用"你向信息"进行检查，看看自己可以作出哪些改变，提醒自己下次不要犯同样的错误，再学习用"我向信息"重新表达，反复操练，直到能够态度平和地和孩子对话，让孩子接收到爱的表达……

这是一节适合所有人的课，学生收获成长养料，教师收获教学方法，家长收获教育智慧。你收获了什么呢？

（熊幸：广东省广州市番禺区洛溪新城中学高级语文教师，王君"青春语文"名师工作室成员，广州市百千万人才培养工程第四批名教师培养对象）

【影课延伸】

有效沟通有利于人们建立良好的人际关系。《小孩不笨 2》电影课帮助学生了解与父母相处时的沟通模式。下面的课例通过角色扮演、小游戏等方式让学生探索有效沟通的方法，并学会在和父母、同伴、老师的沟通交往中加以运用。

有效沟通，让生活更美好

［活动目标］

1. 了解非暴力沟通。
2. 学会有效沟通的方法。

［活动准备］

若干写有一句话的纸条；几个眼罩、障碍物；每人一张 A4 纸。

[活动过程]

一、观影导入

观看电影《小孩不笨2》中父母和孩子沟通的几个片段，引出本课主题——如何有效沟通。

二、热身活动

活动规则：每组的第一位同学上讲台领取一张写有一句话的纸条，记住纸条上的话之后回到自己的位置。第一个同学听到"开始"的指令后，轻声地传话给第二个同学，不能让下一个人听见，第二个传给第三个……依次传下去，每人只能说一遍，最后一个同学将自己听到的话写到黑板上。传话正确、速度最快的小组为优胜小组。

思考：在活动中，大家有什么发现？

三、了解有效沟通

定义：有效沟通是一种双边的、影响行为的过程。在这个过程中，一方全身心地倾听对方在谈话过程中表达的信息，进行理解、分析、回应，以求双方思想达成一致，形成情感联结。

思考：你的沟通是有效的吗？如果老师向你提问，你是说"我不会"还是"我可以学"？如果你给朋友讲题，你是说"你听明白了吗"还是"我说明白了吗"？

教师点拨：不同的沟通方式会给人带来不同的感受。有的让人感觉舒服，让人不由自主地更加积极主动；有的则让人沮丧，甚至产生愤怒情绪。常见的不良沟通方式有命令式、指责式、讨好式、打岔式等。

四、有效沟通的方法

1. 学会倾听

第一次活动：同桌两个人同时谈论，全班同学同时说话。

第二次活动：两人一组进行角色扮演。第一轮 A 说，B 听，同时作无聊状，或四处张望，或做其他事情；第二轮 B 说，A 听，听的时候没有眼神交流，也不回应。

第三次活动：两人一组进行角色扮演，一人说，另一人认真倾听。

总结倾听技巧：眼神注视、动脑思考、适当示意、表示鼓励（点头、微笑等）、不打断对方……

2. 非暴力沟通

非暴力沟通又称爱的语言，它有四个要素——

观察：说出自己看到的事实。常用句式是"我看到……"或"我听到……"。

感受：用一些和心情有关的词语表达自己的感受，如"愉快、兴奋、担忧、愤怒"等。常用句式是"我感觉……"。

需要：需要是感受的根源，说出自己的哪些需要导致这些感受的产生。常用句式是"我需要……"。

期待：明确地提出希望对方怎么做。常用句式是"我希望……"。

示例：我看到大家因为我上课时答不出问题而嘲笑我，感觉很难过。我需要大家的尊重，希望同学们能鼓励我。

3. 身体语言与微表情沟通

"解开千千结"游戏：

小组同学手牵手围成一个圆圈，记住自己左手与右手分别握住的是哪两个同学的左手与右手。老师说"开始"，大家把手松开，在围成的圆圈内随意走动。老师喊"停止"，所有同学停下来，不能移动脚步，找到自己开始时握住的相邻同伴的左右手牵好，不能分开。每组通过各种动作（或钻，或跨，或绕……），恢复开始牵手时的圆圈。

要求：整个过程不能说话，只能通过眼神、手势、动作等提醒其他同学。

小组讨论：不准用语言交流时，你怎样与人沟通？你认为别人在游戏中能理解你的身体语言吗？通过游戏，你有什么感受要分享？

分享示例：我们用动作、眼神与人沟通，别人有时候能理解，有时候不能理解。我最大的感受是，在一个团队里，沟通真的很重要。

4. 理解与信任

"盲人之旅"游戏：小组选出一对搭档，一人扮"盲人"，戴上眼罩，一人扮"哑巴"。"哑巴"要带着"盲人"一起走完一段旅程：绕着障碍物走3圈，再跨过障碍物，然后回原位坐好。"哑巴"可以用肢体语言与"盲人"交流、沟通。

小组讨论：你在这个游戏中学到了什么？

分享示例：

（1）当我们真正做到为他人着想时，沟通就容易很多，不需要说话，只需要一个动作就可以完成沟通。

（2）在沟通中，信任很重要。如果被信任的人引着走路，心里就会踏实很多，能明白对方的想法。

看清友谊背后的真相

——《穿靴子的猫》课堂实录

【电影简介】

《穿靴子的猫》中，靴猫和矮蛋都是孤儿，都被收养。他们一起长大，成了要好的兄弟。但梦想的不同导致两人反目成仇，分道扬镳。后来，矮蛋设计了一个圈套，让两人再次相聚，并让靴猫成了逃犯。在共同拯救小镇的过程中，两人互相原谅，矮蛋牺牲了自己，让靴猫成为小镇的英雄。

【观影背景】

人际关系是人们生活中的重要组成部分。适度的人际交往可以促进个体的个性发展和人格成熟，促进个体安全感、幸福感的产生。人际关系分为同伴关系、亲子关系、师生关系等方面。进入青春期后，初中生在人际交往中的一个显著特点是交往范围逐渐缩小。他们需要一个能倾吐烦恼、交流思想并保守秘密的地方，倾向于选择一两个要好的朋友来交往。但是由于他们的思想还不成熟，如何选择朋友、如何与朋友交往等问题，会不同程度地困扰他们，因此，对学生进行人际交往的辅导就显得尤为重要。

【观影目标】

1. 通过"3C"决策模式为自己的选择负责。
2. 通过丰田五问法来探究交友过程中出现的问题。

【电影课堂】

一、导入

师：同学们在进入青春期后，时常会有一些心理上的不安和焦躁，需要一个倾吐烦恼、交流思想并能保守秘密的地方。因此，许多同学不再广泛交友，而是缩小交往范围，选择一两个要好的朋友来交往。好朋友之间彼此诉说自己认为最重要、最私密的事情，这种交流能够在一定程度上让我们通过别人来认识自己的内心世界，从而更好地了解自己。当然，前提是你选择了志趣相投、有共同爱好和追求的朋友。这样的朋友是生活中的"营养品"，若选择了不恰当的朋友，他们就有可能成为生活中的"毒品"。

二、说梗概

师：观看了《穿靴子的猫》这部电影后，大家认为它的主题有哪些？

生：尊严、包容、伤害、正义、梦想、背叛、金钱、坚持、贪婪、感恩、和解……

师：请同学们任选其中一个主题讲述电影《穿靴子的猫》的故事。

生：这是一个关于贪婪的故事。矮蛋一直有一个冒险梦。他利用靴猫去偷银行的金币，又为了得到会下蛋的鹅再一次利用靴猫，使靴猫失去了荣誉，并害了自己。

生：这是一个关于友谊的故事。尽管矮蛋三番五次地陷害靴猫，但靴猫到最后都没有放弃他。矮蛋终于醒悟，用牺牲自己换来小镇的安宁，也换回了他和靴猫的友谊。

生：这是一个关于友谊的故事。靴猫和矮蛋小时候很要好，但是矮蛋走上了不归路。后来靴猫和矮蛋一起偷金蛋。他们最后通过种种事件化解了矛盾，重归于好。

生：这是一个关于牺牲的故事。在故事最后，矮蛋为了弥补自己的背叛和做过的坏事，果断放手，让靴猫去拯救小镇，自己摔下悬崖。

生：这是一个追求梦想的故事。靴猫的梦想是当英雄。为了实现梦想，他先是救了警长的母亲，后来又救了小镇。矮蛋的梦想是找到魔豆和下金蛋的鹅。

生：这是一个感恩的故事。靴猫从小在孤儿院长大，收养他的养母对他慈爱有加。靴猫想成为英雄，也是为了报答母亲的爱，让母亲以他为荣。

[思维导图：穿靴子的猫 Puss in Boots]

启示：重情谊、有正义、不贪心、做好人

人物：靴猫（勇敢、聪明、机智）、黑母猫（灵巧、奸诈）、夫妇、矮蛋（狡猾、胆小）

情节：开始（逃、遇母猫）、经过（回忆往事、寻找魔豆）、结果（成为英雄、收获爱情）

主题：金钱、友谊、背叛、坚持、改变、正义、贪婪

三、议交友

师：请说说你的交友标准。

生：有共同的爱好、有共同的话题、不会背叛自己、志同道合……

师：按照你们的标准，靴猫该不该选择矮蛋做朋友？如果你是靴猫的父母，你会怎么说？如果你是靴猫，你会怎么说？

生（父母1）：近朱者赤，近墨者黑。朋友对你的发展有很大的影响。矮蛋本性不坏，但他的行为让人担心，和他交朋友要小心。你要谨慎，不要让他毁了自己的一生。

生（靴猫1）：我认为矮蛋会改的。他本性不坏，做坏事也不是出于本心。我会努力让他变好，我们一起进步。

生（父母2）：你怎么可以交这样的朋友？他不学好，可你是品德良好的人啊。我让你交……唉，气死我了……

生（靴猫2）：老妈老爸，你们能理解理解我吗？我也是一个需要友谊的人，不是一个只要书本和知识的人，我怎么就不能和矮蛋交朋友呢？

生（父母3）：告诉你，你尽量离他远一点，近朱者赤，近墨者黑。你还是多交一些学习好的朋友，对你有好处。

生（靴猫3）：他会变好的。

生（父母4）：你不适合交这样的朋友，他会把你带坏的。你现在的任务是好好学习，考上一个好的学校。

生（靴猫4）：爸妈，你们这样说是不对的。你们看到的矮蛋，只是他的一方面，他也有优点。交朋友一定不能只看表面，只有了解之后才知道他是好是坏。

师：从同学们刚才的交流中可以看出，父母对和矮蛋交往普遍表示反对或者担忧，但靴猫没那么悲观。尽管他看到矮蛋的一些坏习气，但还是相信自己不会受到影响，甚至认为自己可以改变矮蛋。确实，青春期的我们常常会有英雄情结，甚至相信自己能够拯救世界。相信自己是好事，但盲目自信会带来不良影响。在生活中，我们面临许多选择，如何选择才能有利于自己的成长呢？接下来，老师将教给大家一个方法——"3C"决策模式。

小知识

"3C"指的是挑战（Challenge）、选择（Choice）、结果（Consequence）。采用"3C"决策模式，是根据不同的选择可能引发的结果考量自己的利害得失，从而作出对自己有利的选择。

示例：当靴猫发现矮蛋又一次欺骗了他，让他成为逃犯时，他如何作出选择？

挑战：要不要原谅矮蛋？		
选择	原谅	不原谅
结果	1. 有可能再度被骗 2. 找回朋友 3. 改变矮蛋 4. ……	1. 失去朋友 2. 矮蛋变得更坏 3. 感到内疚 4. ……

练习：写出你和朋友在交往中面临的挑战，用"3C"决策模式作出选择。

挑战：朋友做了坏事，要不要告诉老师？		
选择	告诉	不告诉
可能的结果	1. 失去友谊 2. 被别人说不讲义气	1. 自己可能会被批评 2. 朋友继续做坏事
最终选择及理由	选择告诉老师，因为如果不促使他改正，就是害了他，不能放任别人做坏事	

挑战：同桌向我借作业抄，我该怎么办？			
选择	借	不借	教他做作业
可能的结果	被老师批评并扣分	和同桌产生矛盾	自己重温知识点，同桌也能学会做作业
最终选择及理由	教同桌做作业，实现"双赢"		

挑战：朋友找我陪他玩游戏，但我没写完作业，该怎么办？		
选择	陪	不陪
可能的结果	1. 收获快乐 2. 作业写不完 3. 影响学习 4. 和朋友有话题	1. 在家写作业，感觉很无趣 2. 影响和朋友的关系 3. 惦记游戏，无心写作业
最终选择及理由	陪朋友玩游戏，熬夜写作业，两全其美	

挑战：体育类和舞蹈类特长班，我该选哪个？		
选择	体育类	舞蹈类
可能的结果	1. 常晒太阳 2. 身体好 3. 容易受伤 4. 能和同学一起玩	1. 可能成名 2. 变得有内涵 3. 变得有气质 4. 容易受伤
最终选择及理由	选舞蹈类，因为喜欢跳舞	

挑战：朋友向我借钱，该怎么办？		
选择	借	不借
可能的结果	1. 朋友不还钱 2. 以后朋友经常向我借钱	破坏友谊
最终选择及理由	如果朋友急用钱，我会借；如果朋友不还钱，我以后都不借给他	

挑战：朋友在考试时向我要答案，我该怎么办？		
选择	给	不给
可能的结果	1. 朋友成绩虚假 2. 我的内心不安 3. 被通报批评 4. 朋友将来考不好 5. 朋友没有好的出路	和朋友产生冲突
最终选择及理由	选择不给，朋友以后可能会发愤图强，认真学习	

师：大家要明白，一旦你在这样的权衡比较之中作出了选择，那就意味着你要对这个选择负责，你要接受产生的后果。有时候大家会对朋友的一些做法感到迷惑，那么应该如何解惑？老师再教大家一种方法——丰田五问法。

小知识

丰田五问法是一种通过连续提问来确定问题发生的根本原因的方法。当你对一件事情有疑惑的时候，可以试着反复问"为什么"，一般情况下，连问五个"为什么"就能找到原因。当然也不拘泥于"五问"，"六问、七问、八问"都可以。

师：靴猫选择和矮蛋成为朋友，但矮蛋一再设计圈套，让靴猫陪他做坏事，最终靴猫成了逃犯。靴猫心里一定困惑不已："我对你这么好，为何你要害我？"我们用丰田五问法来试着解惑。

一问：为什么矮蛋要设圈套陷害靴猫，让小镇陷入危机？

答：因为他心中有恨。

二问：为什么他会有恨？

答：因为小镇的孩子欺负他；因为靴猫曾抛弃他；因为靴猫成为英雄，而他成为阶下囚。

三问：为什么他会受欺负？为什么靴猫抛弃他？好朋友成为英雄，为什么他会怨恨？

答：因为他不合群，脑子里总有些怪念头，长得丑，而且软弱可欺，所以他被别人欺负；因为他骗靴猫和他一起抢银行，所以靴猫抛弃了他；靴猫成了英雄，而他只是阶下囚，这让他内心充满嫉妒，因此有恨。

四问：为什么他要欺骗、要做坏事、要嫉妒？

答：因为他要证明自己是有能力、有价值的。

五问：为什么他要通过做这些事来证明自己的能力和价值？

答：因为他不知道正确的证明方式是什么；他是孤儿，没有父母疼爱，不知道什么是爱，也不知道怎么爱别人。

师：下面我们用丰田五问法做练习。

练习1：

一问：朋友为何经常补写作业？

答：因为他回家后经常找不到作业。

二问：他为什么找不到作业？

答：因为他的书包杂乱无章。

三问：他的书包为什么杂乱无章？

答：因为他的生活没有规律。

四问：他的生活为什么没有规律？

答：因为他的妈妈包办太多。

五问：他的妈妈为什么要包办这么多？

答：因为他妈妈担心他做不好。

练习2：

一问：朋友为什么总找我要答案？

答：因为他不会做题。

二问：他为什么不会做题？

答：因为他上课没有好好听讲。

三问：他为什么不好好听讲？

答：因为他听不懂。

四问：他为什么听不懂？

答：因为他上课老犯困。

五问：他为什么上课老犯困？

答：因为他经常熬夜玩游戏。

师：当我们遇到困惑时，用丰田五问法去探究缘由，可以迅速从坏情绪中挣脱出来，看清事情的本质，从而把力量集中在解决问题上。如果需要作出选择，可以用"3C"决策模式。这次电影课，老师教给同学们两种方法，它们不仅适用于交友，而且适用于其他方面。大家遇到问题时不妨多练习，一定会受益匪浅。

【学生观感】

孙颖欣：《穿靴子的猫》中，靴猫是个善良、有正义感的孩子，而矮蛋是一个坏孩子，可他们成了朋友。他们之所以能成为朋友，是因为矮蛋受欺负的时候，靴猫帮助了他，而靴猫也被矮蛋爱冒险的性格所吸引。靴猫渐渐被矮蛋带坏了，一开始是偷豆子，后来胆子越来越大，偷的东西越来越多。靴猫不愿意做偷盗的事情，就和矮蛋渐渐疏远了。后来，矮蛋用手段把靴猫引上了"贼船"，带他一起去偷鹅蛋，让靴猫置身于危险之中。最终，矮蛋醒悟过来，牺牲自己，保护了整个村庄。

这部影片告诉我们：应交善友，结识对自己有帮助的人；不交损友，不接近对自己有损害的人。当好朋友要求自己做不好的事情时，要果断拒绝并劝阻他；朋友有困难的时候，要尽自己所能去帮助他；朋友犯错误的时候，要用提意见的方式来纠正。这样交朋友才对，这样获得的友谊才会长久，有助于双方共同进步。

都蔚欣：我们看了一部关于贪婪、牺牲、友谊的电影。主人公是靴猫和矮蛋。矮蛋由于从小就被父母遗弃，成了孤儿，缺乏安全感。他为了让自己更有存在感和价值感，选择做一些不恰当的事情；而靴猫心地善良、充满正义感。有一次矮蛋受欺负，靴猫救下了矮蛋，他们从此成为好朋友，但靴猫也被矮蛋误导，走上了歧途。后来，靴猫做了一件好事，成了英雄，获得了尊严，不再和矮蛋一起做坏事。然而，矮蛋骗靴猫和自己一起去偷银行的金币，两人沦为罪犯，他们的友谊也彻底破裂。矮蛋还陷害靴猫，让他和小镇陷入危险之中。最终，矮蛋选择牺牲自己，拯救村庄。

这部电影让我明白，结交朋友时要选择心地善良的人，因为朋友很可能会改变我们的命运。我们要处理好与朋友的关系，要学会尊重、信任、包容和理解朋友，不能因为一点小事就让友谊灰飞烟灭。同时，我们也要理解朋友与自己的不同，多包容朋友，让这份真挚的友谊陪伴我们一生。

孙晨轩：在这部电影中，靴猫是一只集正义、善良与勇敢于一身的猫。他是救警长妈妈的英雄，有团队精神，能明辨是非。而矮蛋贪婪、阴暗、独来独往，长得也不好看，总被欺负。有一次，靴猫看到矮蛋被欺负，教训了欺负矮蛋的人，保护了矮蛋，两人成了兄弟。他们的感情破裂是因为矮蛋骗靴猫去偷金库，让他失去荣誉。

初中是交友的关键时期，但这个时候，我们还无法真正识别一个人的好坏。"近朱者赤，近墨者黑"，选择什么样的朋友就会有可能变成什么样的人。我们要睁大眼睛，多听父母和老师的话，多交益友，不交损友。

林妙妙：《穿靴子的猫》是一个关于友谊的故事。电影中的靴猫是一只有正义感、渴望成为英雄的猫，而他的朋友矮蛋充满冒险精神，希望通过做坏事来体现自身价值。在一次事件中，靴猫保护了矮蛋，两人成了朋友，常常一起偷东西。后来，靴猫因机缘巧合成了英雄，从此下定决心不再做偷盗之事。但是后来在矮蛋的欺骗下，靴猫因参与抢银行成了逃犯，在逃跑的路上他抛下了矮蛋，他们的友谊也随之破灭了。这件事情告诉我们，要谨慎交友。如果我们交往的朋友不听父母老师的话，一意孤行，做一些离经叛道的事，那么时间久了，自己也会如此。如果一直和这样的朋友交往，人生就会改变。

如果我们交往的是充满正义感的人，那么我们就会受到感染，也成为这样的人。我们应该多交这样的朋友，一起乐观向上、积极努力。

【教者说课】

为什么要带学生看《穿靴子的猫》

一

多年前，一个女孩给我讲过一个故事。她说，班里有个同学陷害她。这个同学写了一封信，信里面写了很多她们之间的私密话。这封信被悄悄地放进她的书包里，没有让她发现。这个同学太了解她和她的父母了，了解她妈妈有个习惯，就是翻她的书包。信就这样被她妈妈看到了，引来了一场轩然大波，一度让她离家出走。她质问这个同学为什么要这样做，对方的回答是"看到你被你妈妈骂，我就开心"。能知道她家里详细情况的，一定是关系要好的同学。我问她这个人是谁，她没告诉我。我看着班上一张张青春洋溢的脸，难以相信他们中会有人这样恶毒。

上学期，一个女孩来找我咨询，问我友谊还要不要继续。她有两个很要好的朋友，不知为何，其中一个慢慢地疏远了她，并散布关于她的谣言，同时要求另一个同伴也不要再跟她玩耍。她很伤心，也很困惑。

前些日子，我去见一个朋友，得知了一个比电视剧情节还要"狗血"的故事。朋友有几个要好的闺密，她们都有公职，而朋友是自由职业者，因此她经常为她们做饭，从不计较。有一天，她的丈夫回家后跟她吵架，让她感到莫名其妙。细问之下，才知道有人在背后恶语中伤她。有人冒充他人加了她丈夫的QQ，把她说得极为不堪。后来，她终于查清楚造谣的人，就是其中一个闺密。这件事整整影响了她五年，每每想起，她都无法入眠。

因为熟悉，所以知道你的弱点；一旦施展攻击，杀伤力极大。

二

在人际交往中产生心理上的些许不平衡，这是很正常的。心智健全的人，会在人际关系中保持对自己的认可,加入良性的竞争与合作。我希望我的学生能够心智健全,也希望他们既了解来自友谊的伤害,又能不怀疑友谊。

于是,我带领他们观看了《穿靴子的猫》。

在孤儿院长大的靴猫和矮蛋成了好兄弟。靴猫对矮蛋无穷无尽的想象力感到好奇,而矮蛋感激靴猫出手教训那些欺负他的人。矮蛋有个坏毛病,喜欢偷东西。一开始,靴猫和他一起干了许多让收养他们的妈妈头疼的事。一次偶然事件中,靴猫救了警长的母亲,成了小镇的英雄,得到了一双象征荣誉的靴子。从此,靴猫希望自己为荣誉而战,而矮蛋感到了自卑。矮蛋依然干偷盗的事,还骗靴猫跟他偷了银行的金币。在逃跑的过程中,靴猫扔下矮蛋,跳下大桥,矮蛋被关进了监狱。矮蛋出狱后,再次陷害靴猫,让他成了小镇的通缉犯。

三

电影是最好的教育资源。不需要讲太多大道理,不需要灌输太多的想法,学生们就会从电影中汲取许多养分。他们心里还没有成年人的重重防御,每次探讨的时候,他们的观点都会让我耳目一新。比如欣赏这部影片时,当我看到背叛和伤害的时候,学生已经看到了和解和宽容。这也体现了他们纯真的一面。

这节课中,我教给学生两个方法。"3C"决策模式是一种做决策的方式,生活中我们面临的选择很多,常常耗尽我们的精力,它可以帮助我们作出选择;丰田五问法是关于企业安全的,我拿过来教给学生,是想让学生学会在遇到困惑的时候探究问题的根源。让孩子自己作出决定,能促使他们成长为对自己负责的人。

【影课评点】

大材小用还是借题发挥?

刘英丽

看了晓琳老师《穿靴子的猫》电影课,我有以下想法:

一、大胆取舍

《穿靴子的猫》主题非常丰富，人物性格也很复杂，可挖掘的教学点很多。晓琳老师这节课只带领学生探讨了靴猫和矮蛋的友谊，是不是大材小用了呢？晓琳老师还向学生介绍了"3C"决策模式和丰田五问法，并带领学生用这两种方法做了练习。这样上电影课，真的可以吗？

我想起了自己考上大学那年，临近开学时，母亲给我缝了一个针线包，是用一块黑布缝的。缝好之后，母亲觉得黑乎乎的不好看，就从另一块花布上剪下一朵花，缝在针线包上，一下子就让针线包增色不少。那块花布似乎受了"委屈"，有点大材小用了；但是母亲的目的不是用那块花布，而是缝一个针线包，用那块花布是为了让针线包更美观。

晓琳老师这节课也是如此。晓琳老师上这节课的目的是让学生探究交友过程中出现的问题，让学生学会对自己的选择负责，而《穿靴子的猫》只是晓琳老师上课时用到的一个素材。她用这部电影引出这节课要探究的主题——友谊；又用这部电影引出了交友过程中普遍存在的问题，即应该和什么样的人成为朋友。她顺势提出了"3C"决策模式和丰田五问法，让学生明白在现实生活中遇到人际交往问题时该如何应对，可谓用心良苦。

面对主题多样、内容丰富的电影素材时，我们该如何选择？晓琳老师用这节课给出了答案：根据课程需要，大胆取舍。

二、巧妙联结

晓琳老师在"议交友"这个环节，让学生说出自己的交友标准，然后问学生是否认为靴猫和矮蛋应该成为朋友，并猜想靴猫的父母会怎么说。这就将电影中的情节和现实中的问题联结到一起。通过学生的回答可知，他们了解父母对于交友的看法，但并不认同，且认为自己有能力影响他人。

学生的回答暴露出了他们现阶段在人际交往过程中存在的问题，即盲目自信。面对这一现象，一味说教是没有用的。晓琳老师因势利导，提出"3C"决策模式和丰田五问法，看似突兀，其实是帮助学生解决实际生活中存在的问题。"3C"决策模式教会学生对自己的选择负责，丰田五问法帮学生理解行为背后的原因。人际交往的烦恼对学生的学习和生活影响很大，学生如果真的能掌握这两种方法，就能客观理性地看待人际交往中的各种问题，也就能健康成长了。

三、重视作业

心理课在学校里属于边缘学科，像晓琳老师这样认真布置作业，学生又认真完成的比较少见。观影之后写感受，学生回顾电影的情节，概括电影的主题和自己的想法，将感性认识转化为理性认识，这是由表及里逐渐深入的过程。学生在写的过程中，梳理了对靴猫与矮蛋友谊的认识，也总结了现实中自己的交友原则。学生都认为要和品行端正的人交朋友，自认为能改造朋友的英雄主义情结不见了。可见，让学生写感受是非常必要的。由此，我们能看出这节课的效果。

我曾经以为电影课就要以电影为主，深刻挖掘其内涵。看了晓琳老师的这节课后，我发现原来还可以借着电影和学生谈我们想谈的事情，探究我们认为值得探究的东西。

（刘英丽：北京市第十中学教师，课例曾获北京市首届教师"基本功与智慧"教育教学研究成果一等奖，多篇论文获得市、区级奖项）

【影课延伸】

进入中学后，初中生逐渐将感情的重心转向关系亲密的朋友，希望建立相对稳定和持久的友谊。《穿靴子的猫》电影课帮助学生了解同伴交往中可能出现的问题，探究解决之道。下面的课例通过系列活动，提升学生解决人际关系问题的能力。

友谊的小船不会翻

［活动目标］

1. 了解交友时可能出现的矛盾冲突。
2. 学会解决人际冲突的基本方法。

［活动准备］

制作课件，录制视频。

[活动过程]

一、观影导入

学生观看电影《穿靴子的猫》中矮蛋控诉靴猫的片段，引出本课主题——朋友之间如何处理冲突。

二、热身活动

1. 练习发出几种声音

手掌互相摩擦、手指互相敲击、两手轮拍大腿、用力鼓掌、跺脚。

2. 闭眼听口令，边做相应动作边想象

初识——手掌互相摩擦

相知——手指互相敲击

相伴——两手轮拍大腿

知心——用力鼓掌

冲突——跺脚

重归于好——睁开眼睛

三、"我"的友谊船

1. 绘制友谊船

在友谊船上写出尽可能多的朋友的名字。

2. 圈画友谊船

按照和朋友关系的亲疏远近，用不同颜色的笔圈画。

思考：船上的朋友有多少？哪些属于可以交心的朋友？哪些属于有共同爱好的朋友？哪些属于为了某种利益而交的朋友？哪些属于某种场合下临时交的朋友？知心好友的比例是多少？

3. 分享友谊船

讲述自己和朋友之间的故事。

思考：如何才能让心灵密友长久地留在船上呢？

四、友谊的小船翻了

观看视频——

视频一：

小艺是心直口快又很冲动的人，她常常把"我不和你好了"挂在嘴上。这一天，当她又对最好的朋友小璇说出这句话后，小璇当真了，不再理她。

视频二：

数学考试试卷发下来了，小鹏考了90多分。他兴奋地跑到好朋友小强那儿，想看小强的分数。小强遮掩着试卷，想把它藏到书包里，但小鹏把试卷抢了过来。他打开试卷一看，惊讶地大叫一声："咦，你怎么不及格？我考了90多分呢！你怎么会这么差呢？"小强难过地低下了头。从此，小强慢慢疏远了小鹏，小鹏却莫名其妙。

视频三：

晓丽是一个内向的女孩，在班级里存在感很低。她也很想有个朋友。同学小欣主动找她聊天，很快，她们就成了无话不谈的好朋友。进入青春期的晓丽对班上的一名男生产生了一份朦胧的情感。一个周末，她和小欣在QQ上聊天，说出了自己的小秘密。周一回到学校时，晓丽发现班上的同学看她的眼神很不对劲，有的同学甚至大声调侃她。原来，班上好多同学都知道了她的秘密。她又羞又气，与小欣断绝了关系，人也变得更加内向。

视频四：

萌萌一直把丽丽当作自己最好的朋友。新学期，萌萌当上了班长，丽丽心里有点不是滋味。每当萌萌管理班级纪律的时候，丽丽便开始对萌萌冷嘲热讽。两人的关系开始疏远，直至不再来往。

视频五：

小娟是怡心的同桌，她们爱好相同，性格也差不多，有很多话题。让小娟有些烦恼的是，怡心似乎总喜欢拿她的东西来用。比如怡心没带书时，总是拿小娟的来用，却让小娟跟别人借书。小娟心里很不是滋味。

小组讨论：视频中，这些友谊的小船为什么翻了？

交流分享：你的友谊小船是否翻了？原因是什么？

五、维修友谊船

1. **建立界限感**

（1）体验界限感

电梯效应：在教室空地上画出一小块区域，学生依次来到画出的区域，体验自己的界限。

（2）探寻界限感

探索自己的外部界限（身体和物资）和内部界限（心理和情绪）。说说自己喜欢朋友的哪些行为，不喜欢哪些行为。

2. **消除嫉妒心理**

观看心理短片《嫉妒的正确打开方式》。

3. **不传闲话**

表演视频三中的故事。

训练：在下面的情境中，如何控制自己想透漏秘密的冲动？

（1）大家在谈论班级里是否有早恋现象。

（2）其他同学向你诉说自己的一些小秘密后，要求你也说出一些自己的秘密。

4. **保护他人的自尊心**

完成任务单：

（1）当朋友和你的意见不一致时，你会怎样做？

（2）当你误解了朋友时，你会怎样做？

（3）当朋友邀请你一起去玩，但你不想答应时，你会怎样做？

物质贫穷　心灵富有

——《天堂的孩子》课堂实录

【电影简介】

电影《天堂的孩子》（又叫《小鞋子》），是伊朗导演马基德·马基迪的代表作，讲述了一对兄妹与一双小鞋子的故事，表现了孩子们面对贫困所展现出的坚忍、善良和单纯。这部影片在 1999 年获奥斯卡"最佳外语片提名奖"，创下伊朗电影在美国的票房纪录。

【观影背景】

任何社会现象都有其"心理内涵"，电影也不例外。电影是一个容器，它容纳人生的各种情感体验，唤起观众的喜怒哀乐，对人类心理有着真实而全面的探究和展示。因此，观影能展现观众的心理状态，如认同、幻想等，也有抚慰、宣泄情绪等功能。怎样才能让看电影成为对学生有效的心理辅导方式？我一直在探索。《天堂的孩子》的导演说："我想表现的是贫穷之外的另一种东西：孩子是如何去面对和理解贫穷的。最终我找到的答案是，再苦再穷的人都有希望和光芒，他们其实是非常乐观的。"让学生看《天堂的孩子》，就是希望他们能受到这种乐观精神的感染。

【观影目标】

1. 学习阿里兄妹的乐观精神。
2. 感受亲情、友情的温暖。

【电影课堂】

一、据片名想象

师（板书片名《天堂的孩子》）：根据片名想象，这是一部讲述什么故事的影片。

生：升入天堂的孩子怀念人间的故事。

生：一个孩子憧憬美好生活的故事。

师（板书另一个片名《小鞋子》）：这部影片的另一个名字叫《小鞋子》，据此想象，影片讲的是什么故事。

生：一个因为鞋子而发生的故事。

生：一个孩子在想念母亲做的小鞋子的故事。

二、观看片段一

片段一：

9岁的阿里把妹妹莎拉粉色的小鞋子送去修补好，为家里购买了饼，在赊买土豆时，小鞋子被人误认为垃圾而收走。阿里弄丢了妹妹的小鞋子。

师：请概括这个片段的故事情节。

生：阿里弄丢了妹妹的鞋子。

师：会有什么后果？

生：妹妹没有鞋穿，阿里会被父母打骂。

师：为什么会有这样的后果？

生：因为他们家里很穷。

师：哪些细节让你觉得他们家很穷？

生：鞋子很破旧，还要去修补；买土豆挑选小的，还要赊账；房子是租的；他妈妈因为多用水被房东骂……

师：妹妹说："明天没有鞋子要怎么上学？"你来设想如何解决这个问题。

生：穿妈妈的鞋、穿拖鞋、借鞋、找鞋……

三、观看片段二

片段二：

171

阿里恳求妹妹和他换鞋穿。第二天，莎拉穿着哥哥不合脚的破球鞋去上学。体育课上，穿皮鞋的同学跳远时跌倒了，老师鼓励同学们穿球鞋，这让莎拉略感释然。阿里在巷口焦急地等妹妹回来，以便穿好鞋子再去上学。妹妹最终赶回来了，但阿里还是迟到了。回家后，兄妹俩洗刷球鞋。夜晚下起了雨，莎拉唤醒阿里去取回屋外的鞋子。

莎拉因课堂测验延误了时间，在跑回家的路上，鞋子落入水沟。阿里责备了妹妹。他再次迟到，遭到学校教导主任训斥。但他的考试成绩非常好，得到了奖励——一支圆珠笔。在回家路上，他碰到妹妹，将老师奖励的圆珠笔送给妹妹，兄妹和好如初。莎拉在操场上发现有人穿着自己丢失的小鞋子。她在课间休息时发现了它的主人，下课后跟踪她，获知了她的住址。但她回家晚了，阿里因此再次迟到。学校教导主任要将他逐出学校，幸好有老师为阿里说情。

师：请概括这个片段的故事情节。

生：换鞋风波。

师：妹妹穿了哥哥的鞋，她有怎样的表现？

生：出门时迟疑地张望；怕同学嘲笑，使劲把脚往后藏；不断地将目光投向自己无处躲藏的双脚，投向同学们一双双色彩各异但合脚、崭新、漂亮的女童鞋；在体育课上感到很紧张，后来听到老师强调要穿运动鞋，才露出一丝轻松的笑容。

师：换鞋过程中出现了什么风波？

生：第一次因为妹妹跑得慢，阿里迟到了；第二次妹妹跑得太急，鞋掉进了水沟里，阿里因迟到被训斥；第三次妹妹为了找鞋晚归，阿里又迟到了，几乎被赶出学校。

师：猜想一下，莎拉发现了自己的鞋子后，会怎么处理这件事？

生：抢回鞋子；偷回鞋子；要回鞋子；买回鞋子；先交朋友，打听鞋子到底是不是自己的；找哥哥帮忙要鞋子；找父母帮忙要鞋子；不好意思要；向女孩说明情况……

四、观看片段三

片段三：

兄妹俩想要回小鞋子，却发现那个小姑娘的父亲是位盲人，家里也很穷。兄妹俩默默离去。父亲得到一套园艺工具。回家后，父亲与母亲商议假日到富人区去做园丁。父亲用自行车载着阿里，穿过城市，来到富人区。他们一次次地按响门铃，均遭到拒绝。终于，一个渴望玩伴的小孩子让爷爷雇用了阿里父子。阿里和孩子相伴，父亲的劳动得到了丰厚的报酬，父子俩高高兴兴地回家。路上，自行车刹车装置失灵，父亲摔伤了。父亲的伤情让家里雪上加霜。

莎拉下课后向家中奔去，不慎弄掉了阿里送给她的圆珠笔。盲人家的小姑娘拾到笔想还给莎拉，但没有追上。小姑娘回到家，取出拾到的圆珠笔，非常高兴地用它写作业，但她还是将圆珠笔还给了莎拉。盲人给自己的女儿买了新鞋子。盲人的妻子用曾属于莎拉的小鞋子向收废品的老人换了洗菜筐。盲人家的小姑娘穿着新鞋子上学，遇到莎拉。莎拉感到自己的鞋子永远也回不来了。

在学校操场上，老师宣布即将举行学生马拉松比赛的消息。阿里看了看自己的破球鞋，放弃了报名。后来，他在操场上看到马拉松比赛的参赛名单和比赛预设的奖品，发现第三名的奖品是一双运动鞋，于是无比心动。他前去哀求老师让他参赛，在流泪恳求和测速之后，阿里被获准参赛。他奔回家中告诉妹妹喜讯。

师：请概括这个片段的故事情节。

生：为了获得一双球鞋，阿里准备参加马拉松比赛。

师：两个女孩的友谊是如何建立起来的？

生：她们一样贫穷，一样善良。莎拉发现女孩家境窘迫，就没有去要回自己的鞋子；女孩捡到莎拉的笔之后，虽然自己也非常喜欢，但没有据为己有，而是还给了莎拉。彼此的理解、善良和包容让她们成了朋友。

师：阿里要参加马拉松比赛了，你们猜阿里能跑第几名？

生：阿里能跑第三，拿到他想要的鞋子。

生：阿里没有跑进前三名，没有得到鞋子。

五、观看片段四

片段四：

马拉松赛场上，阿里在奔跑。莎拉也在奔跑回家。阿里获得了领先地位，让自己保持在第三名的位置上。但追上来的同学绊倒了阿里，阿里再次追赶时进入冲刺阶段。在奋力追赶之时，阿里第一个冲过了终点。人们告知他得了冠军，阿里流下了绝望的泪水。阿里回到家中，无颜面对妹妹期待的眼神。当莎拉失望离去之后，阿里独自将自己满是水泡、血泡的双脚浸入院中的水池里。

师：请概括故事情节。

生：阿里参加比赛，意外获得冠军。

师：对这个结果，阿里满意吗？

生：这个结果让阿里很沮丧，也很绝望，他哭着不肯抬头。因为得了冠军的阿里无法拿到第三名的奖品——一双小鞋子，无法实现自己对妹妹的承诺。他们想通过自己的努力获得一双鞋子的梦想破灭了。

师：莎拉会有一双新鞋子吗？影片最后究竟有没有给我们答案？

生：好像是有新鞋子了。有个镜头是父亲在买东西，自行车后面的一堆物品里有鞋子。

师：看完整部电影后，你对"天堂的孩子"有什么新的理解？

生：天堂的孩子就是小天使。他们的特征是快乐、善良、有爱心、喜欢帮助别人、有希望，又无忧无虑。

生：面对困境仍坚强、努力、乐观、向前的孩子，就是活在天堂里的孩子。

师：阿里兄妹的哪些心理品质是你欣赏并想拥有的？

生：善良、懂事、孝顺、坚韧、顽强、勤劳、积极、乐观、努力向上、重视情义……

师：愿我们无论是贫穷还是富有，都拥有一颗善良、慈悲的心。

【学生观感】

王艺童：看完电影，阿里的形象就牢牢地住在我心里了。他纯洁、倔强而又敢于担当。虽然家里很穷，但他和爸爸始终保持着乐观的心态，遇到困难和磨难也不轻易退缩，而是积极面对。影片中给我最大启发的是最后的马拉松比赛。阿里在被别人绊倒后，仍然爬起来，咬着牙，以绝不放弃的信念获得了第一名。这个精神值得我学习。我们在遇到挫折的时候，要不屈不挠，决不退缩，坚持到底，不压抑自己，始终保持一颗童心。只要我们用乐观向上的态度对待生活，就能做最好的自己。

丁羽：这部影片讲述了一户普通人家的兄妹俩的故事。哥哥不小心把妹妹修补好的鞋子弄丢了。他请求妹妹不要把这件事告诉爸爸妈妈。他们的妈妈生病了，爸爸也顾不上他们，因而没发现兄妹俩的状况，丢鞋这件事就瞒了过去。一双球鞋，伴随着兄妹俩每天上学、放学。时间那样紧迫，每一秒都关系到哥哥阿里在学校的去留。后来，阿里得知有一场跑步比赛，季军可以得到一双球鞋。当他去找老师报名参加时，老师却说报名时间已经过了。他百般请求，并通过了测试，老师才答应让他参赛。比赛那天，就要到达终点时，阿里突然被同伴绊倒了。但他顽强地爬了起来，继续跑。他脑海里浮现出妹妹的影子、妹妹的话和期待的眼神，这激发了他的斗志。他奋力向前跑，竟然得了第一。

175

我深深地喜欢上了阿里，他那么幼小的心灵却承受了如此之多，让我为之动容。一次次失望，一次次希望，在他的心中种下了"坚强"的种子。这部影片，更加坚定了我对美好生活的向往。我时刻提醒自己，遇到困难时要像阿里兄妹那样不放弃，并积极面对。

【教者说课】

贫穷的滋味，你可曾尝过？

看完《天堂的孩子》后，我的心绪就一直被翻搅着。奔跑，只为了一双鞋。

影片伊始，镜头就定格在一双粉色的破烂鞋子上。一针，一针，一针……一双早该扔进垃圾箱里的小鞋子硬是在修鞋匠的手中重新聚拢，有了鞋的模样。伊朗男孩阿里拿上鞋，又去市场买东西。挑拣土豆的时候，他顺手把鞋放在了架子上，被人当废品收走了。

阿里弄丢了妹妹唯一的一双鞋。他自己也只有一双鞋。若是丢了鞋子的事情被父亲知道，阿里会挨揍，而且父亲也没钱给妹妹买新鞋子。家里已经连付房租的钱都没有了。

兄妹俩惶恐着。

这惶恐的滋味我知道。

我像阿里这么大时，母亲为了补贴家用，养了一些母鸡，由我和弟弟分工照顾。有一晚，村里在村口的空地上放电影。在那个年代，文化生活极其单调，能看上一场电影，简直是莫大的快乐。整个下午，我俩都在计划着，怎么去占地方，抢占哪一处最有利，全然忘了要把鸡赶回笼里。等到我们搬着板凳就要往外冲时，母亲喝住了我们。原来母亲在查点母鸡时，发现少了一只。母亲大怒，把喂鸡的盆一脚踢出了老远。那一晚，我俩打着手电筒到处找这只鸡，心里惶恐着，哪里还顾得上看电影。到了电影散场时，我俩也没找到。我们带着惶恐的心睡了，梦里都在想，那只鸡跑到哪儿去了？清早起来,我们接着找。原来它跑到了厢房的房梁上。

阿里兄妹为了隐瞒鞋子的事情,想到了一个解决方法。妹妹先穿着阿里的鞋子上学,待妹妹回来,阿里再穿着鞋子去上学。于是兄妹俩便开始了奔跑。妹妹跑着回家,阿里跑着去学校。尽管他们俩都拼命地跑,还是状况不断。比如妹妹的老师拖堂了,阿里就迟到了。阿里的鞋子妹妹穿着有些大,有一次,妹妹跑着跨过一道水沟时,一只鞋子竟然掉了进去。鞋子顺着水漂走了。妹妹边跑边弯腰去抓,可怎么也抓不着,无奈的她蹲在地上号啕大哭,看得人揪心。幸亏有好心人帮忙。当阿里穿着湿漉漉的鞋跑到学校后,他又迟到了。学校教导主任要赶他回家,阿里大大的眼睛里满是泪,却无法说出实情。那一刻,我真的心疼极了,恨不得把这孩子搂在怀里,对他说,我给你买,想要多少双鞋子都行。鞋子,成了兄妹俩最想要的东西。

对于穷人家的孩子,损坏东西和丢东西一样让人惶恐。上了初中后,我就近视了。放假时,母亲专程带我去市里配了副眼镜。可是上学没几天,班上男生打闹时一胳膊撞在我的眼镜上,一条眼镜腿便断了。我又怕又急,不停地哭,哭得连班主任都烦了。她无法理解:"不就是眼镜腿断了吗?这孩子怎么哭得没完没了?"她不明白我内心有多惶恐。我不知道修眼镜需要花多少钱,也不知道父母会怎样责骂我,更不知道他们是否肯拿出时间专程跑到市里去修。这眼镜实在太脆弱了,后来又发生了几次这样的事故。我用胶带缠住眼镜腿,把头发放下来遮住它,大家就看不出来了。最惨的一次是两条眼镜腿都断掉了,两边都缠上了胶带。

那时我最想要的东西是一辆女式自行车,一跨就能骑上的那种。刚开始读书时家和学校之间有几里地,走着去还能忍受;后来,我转去了另一所要求严格的学校,家和学校之间的距离是原来的好几倍。母亲让我骑家里那辆无比笨重的大金鹿自行车,我不情愿也没办法。那时的我,又瘦又小,那辆自行车对我来说可谓庞然大物。即使把车座调到最低,我也只能借着惯性,用一只脚去蹬,很容易摔倒。

为了摆脱这些苦涩的滋味,我也在奔跑,就像阿里。当阿里知道有一个机会可以让他得到一双鞋的时候,他拼了命地去争取。造化弄人,他只想跑第三，只想要一双鞋，却不小心跑了第一。他大大的眼睛里满含泪水，满含失望。看着阿里那双破烂不堪的球鞋，看着阿里那双满是水泡的双脚，我只希望未来的生活能够善待他。

【影课评点】

灵动飞扬自有道

何庆华

王君老师说："语文教师，如果眼界开阔，胸怀博大，那各种语文因素，就如千军万马，被教师调遣腾挪、排列组合。教材上下，风起云涌；课堂内外，风云际会。语文教学，彻底摆脱了小家子气，而拥有了大格局、大气概。"晓琳老师这节《天堂的孩子》电影欣赏课便具有这种气质。这部由伊朗导演马基德·马基迪拍摄的电影，从儿童视角看世界，全片充满了温情、纯真、善良、友爱。晓琳老师这节电影心理课，主要从以下三个方面构建灵动课堂。

一、立足片名，首尾呼应

教学切入点的准确把握是教师在课堂上游刃有余的前提和基础。欣赏一部电影就如同阅读一篇课文。每一篇课文都有进入文本的路径，找到入口，就找到了解读这篇文章的关键。

这部电影有两个名称，《天堂的孩子》是从人物角度来拟题，主要强调阿里兄妹俩手足情深；《小鞋子》则是从事件的角度来拟题，整个电影情节围绕丢鞋、寻鞋、换鞋，最后阿里为了得到鞋子而参加比赛的过程展开。苏霍姆林斯基说："人的内心里有一种根深蒂固的需要——总想感到自己是发现者、研究者、探寻者。在儿童的精神世界中，这种需求特别强烈。"晓琳老师抓住学生对陌生事物感到好奇和喜欢想象的心理特点，让他们根据电影名称想象内容，极大地激发了学生的想象力，调动了他们的学习热情，很好地将学生带入观影场景。

最后，晓琳老师让学生再次聚焦影片名称，理解其含义。"天堂的孩子就是小天使。他们的特征是快乐、善良、有爱心、喜欢帮助别人、有希望，又无忧无虑。""面对困境仍坚强、努力、乐观、向前的孩子，就是活在天堂里的孩子。"从学生的回答中可知，他们已由对影片名称的表层感知，进入对影片主题的深入把握。这节课首尾呼应、结构完整，如同一篇佳作。

二、注重细节，品析鉴赏

文本细节如散落在课堂上的一颗颗珍珠，只有细心的人才能发现。阅读文章要欣赏文本里的细节，经由细节探究文本内核。故事开头，阿里弄丢了妹妹唯一的一双小旧红鞋，这直接导致妹妹第二天无法穿自己的鞋子去上学。矛盾就这样产生。晓琳老师提问"哪些细节让你觉得他们家很穷"，学生们思维活跃，一一再现影片中反映贫穷细节的画面："鞋子很破旧，还要去修补；买土豆挑选小的，还要赊账；房子是租的；他妈妈因为多用水被房东骂……"通过画面的再现和重组，学生充分认识到贫穷的残酷，丢了鞋子给阿里兄妹带来多严重的灾难。文本（电影）是一个鲜活的生命，若能够对这个生命进行整体观照和细节研究，便有可能发现新的东西。晓琳老师在引导学生探究"妹妹穿了哥哥的鞋，她有怎样的表现"等细节时，学生均有精彩发现。

三、大胆猜想，浸润心灵

猜想是本节影视欣赏课的最大特色。猜想具有明确的思维培养价值，可以锻炼思维能力、挖掘创造潜能、激发学生兴趣。

教学过程中，晓琳老师多次引导学生进行情节猜想。"妹妹说：'明天没有鞋子要怎么上学？'你来设想如何解决这个问题。"这引发学生对电影故事情节发展的种种猜测，让学生的观影欲望更强。

文学作品（电影）并不是一个封闭的自足体，而是开放的"召唤结构"，召唤读者运用自己的知识、经验，通过感知、思考进行再创造。比如，对于"莎拉发现了自己的鞋子后，会怎么处理这件事"，学生根据自己的阅读体验和个人认知，给出丰富答案。学生在猜想中满足审美需要，拓展思维广度。教育活动的成效在很大程度上取决于学生生活实践的广度和深度。学生的每一次猜想都与电影实际情节发展有出入。通过比较印证，学生体悟到了电影情节设计的精妙和高超。

　　整节课上，晓琳老师都在带领学生猜情节、说感受。这样的学习方式极大地激发了学生的探究欲望，符合初中学生的心理特点。学习兴趣的发展一般会经过"有趣、乐趣、志趣"三个阶段。对学生来说，观看电影本身就是一件有趣的事，但如果仅仅停留于"有趣"，也就淡化了观影的教育意义。学生只有在老师的引导下，进入"乐趣"阶段，借助猜想，调动现有的生活经验、生命体验、审美感受来领会电影主旨，他们的思维才能在课堂上灵动飞扬，最终进入"志趣"阶段。

　　（何庆华：安徽省怀宁县振宁学校教师，安庆市骨干教师、先进教研个人、优秀班主任，曾获市级优课大赛一等奖，主持参与多项市级课题研究）

美源于真

冯　燕

　　一切美皆源于真。

　　这是我在观看了郝晓琳老师《天堂的孩子》电影心理课之后想到的一句话。

一、故事真

　　电影故事之所以动人，原因在于"真"，在于"诚"，在于"爱"。主人公阿里兄妹善良坚强，贫穷的他们懂得体谅父母，在委曲求全中团结合作。

　　法国著名启蒙思想家、教育家卢梭有言："善良的行为有一种好处，就是使人的灵魂变得高尚了，并且使它可以做出更美好的行为。"生活在贫困之中的阿里兄妹不正是如此吗？与哥哥共穿一双鞋子的妹妹发现了遗失的鞋子，当她看到鞋子的新主人的生活比他们还要窘迫时，便打消了要回鞋子的念头。积极乐观的哥哥阿里为了让妹妹拥有一双属于自己的鞋子，请求参加马拉松比赛，途中奋力奔跑，只为跑出个第三名，赢得奖品——一双鞋。可事与愿违，他得了第一名。对于阿里来说，希望破灭了。他自责难过，泪流不止，不愿抬头。电影把那颗至真、至纯、至善的心展现得淋漓尽致。

二、课堂美

施予爱、传递爱，这是郝老师的教学原则。一名精通心理学且有爱的教师，会更关注学生的心理健康。在观影课这个大舞台上，郝老师是最好的导演。

郝老师的课堂设计之巧妙，乃我等学习之榜样。她节选影片片段时，聚焦于某项内容。在课堂上，她在巧问中进行深入引导，学生在电影的意境之中净化心灵，受到美的熏陶。四个片段环环相扣，一个又一个情景的呈现，把整个影片的内容串接起来。在让学生概括片段的故事情节时，郝老师带动学生思考，提升了学生的探究思考能力，让学生明白：无论贫穷还是富有，我们都应该有一颗善良的心。

课堂训练的每一处都有作用，每一处都有效果。郝老师对影片内容进行精心组合，使教学内容"头绪清楚，步骤清晰，推进从容"（余映潮老师语）。

三、童年乐

童年是个万花筒，缤纷而又美好。我想到了自己的童年生活。

那是一个物质匮乏的时代，可我们并不觉得苦。村中的一群小伙伴真诚相待，无忧无虑地玩耍。我们动手养蚕、下地拔草，空闲之际，几人共编共导共演一场戏，花旦、小生、女主、小丫鬟……应有尽有。

春天，我们在大大小小的池塘边捉蝴蝶、嗅花香；夏天，我们光着小脚丫在水塘边互相撩水嬉戏，在田野里捉虫摘豆，在打谷场上唱戏；秋天，我们在厚厚的黄叶上或坐或卧，或打几个滚，或说或唱或开演；冬天，我们会窝在厚厚的棉被里唱歌、讲故事、看小人书、做游戏，也会在室外的雪地里堆雪人、打雪仗、吃雪团、敲冰锥……

不要羡慕别人的富，也不要哀叹自己的穷，"以中有足乐者，不知口体之奉不若人也"。甘于守贫是一个人的巨大财富。清贫对于一个善良乐观的人来说是没有任何坏处的，因为他心存希望、心有梦想！

（冯燕：安徽省淮南市潘集区实验中学教师，淮南市初中语文名师工作室成员，曾获全国"语文报杯"第三届微课大赛一等奖）

【影课延伸】

快乐与希望是正能量，当生命由快乐与希望导航时，就会迸发出强大的力量。《天堂的孩子》电影课帮助学生认识了乐观等心理品质的重要性。下面的课例让学生明白良好的心理品质会让生命发挥无限潜能。

掌声响起来

［活动目标］

1. 发现自己的潜能。
2. 找到开发潜能的方法。

［活动准备］

制作课件，每人一张 A4 纸。

［活动过程］

一、观影导入

观看电影《天堂的孩子》中马拉松赛场上阿里奔跑的片段，导入本课主题——如何发挥自己的潜能，让不可能变为可能。

二、第一次活动——你自信吗？

想象自己此刻正在偶像的演唱会现场，演唱结束了，现场一片掌声，你也拼命鼓掌。凭直觉预测自己一分钟最多能鼓掌多少次，把一瞬间出现在脑海中的数字写在 A4 纸的左上角，不要花时间思考。鼓掌 10 秒并计数，实际鼓掌的次数乘以 6，得数写在纸的中央。

思考与发现：得数远远大于预测；对自己的期望太低，就不能挖掘出自己的潜能。

三、第二次活动——你用力了吗？

再一次预测自己一分钟内能鼓掌多少次，把脑海中的数字写在 A4 纸的右上角。鼓掌 30 秒并计数，实际鼓掌的次数乘以 2，得数写在纸的中央。

思考与发现：有三分之二的同学实际鼓掌数没有达到预测。一部分原因是目标定得太高了；一部分原因是时间增加后，鼓掌速度变慢了。如果没有达到预测的目标，先反思自己是否用力了，再反思自己设定的目标是否合理。

四、第三次活动——你坚持了吗？

第三次预测自己一分钟内能鼓掌多少次，把脑海中的数字写在 A4 纸的左下角。鼓掌一分钟并计数，把实际鼓掌的次数写在纸的中央。

思考与发现：在鼓掌一分钟的过程中，你的心理有什么变化？你有什么发现？结合自己的生活进行反思。

五、你有发现吗？

分享示例：

（1）我觉得鼓掌很累，有一次时间过半的时候发现自己忘记数数了。我给自己定的目标太低，而且鼓掌的时候也不够用心。今后无论是在学习上还是在其他方面，我都不能这么随意，要尽自己所能去做好每一件事。

（2）在第一次活动中，我对自己的期望很低，结果超出了我的预期。第二次我没能达到预期，最后一次我感觉力不从心。我发现自己有时候缺乏自信，有时候又非常自负。这给了我很深刻的启示。

（3）我发现我每次预判都会失误，差距或大或小。鼓掌时我总会遇到困难，比如坚持不下去。这个活动给我的启示是要对自己有正确的认识，找到适合自己的目标，而且要持之以恒。

（4）第一次鼓掌的次数意外地超过了预定目标；第二次我鼓掌 80 多次就开始觉得手臂酸疼了，但是剩下的 10 秒还是坚持了下来，成绩也不算差；到了第三次，手臂越来越酸疼，到了 40 秒左右的时候，我停了一两秒，看见周围的同学还在鼓掌，我就忍着酸疼坚持下去。虽然鼓掌的次数比其他同学少，但我很高兴我能够坚持下来。我发现自己是有潜力的。

后　记

　　我没想过要出一本书。十多年来，我只是习惯了记录教学中发生的那些故事和课堂上的小火花，并自得其乐。

　　2013年的那个夏天，一纸诊断书使我的内心受到重创。一年的时间里，我用力地活着，努力完成身与心的自我救赎。一年后，我重返学校，重返课堂。但我发现我似乎做不了什么，坐着听两节课都会浑身冒汗，随时有要晕倒的感觉。可我离不开课堂，那是我最后的精神家园。感谢学校领导对我的信任，他们把心理课堂给了我，让我有所寄托。

　　那是一段最艰难的时光。艰难在于我找不到方向。如果说之前的一年里，我为了活着而活着，那接下来我为了什么而活着呢？我存在的价值究竟是什么？就在茫然无措、将要抑郁之际，我遇到了"语文湿地"。它就像一束光，为我指明了方向。感谢尹东老师带我走进了一个大集体，他说那里是一个水草丰茂、土壤肥沃的"湿地"，适合祖国各地的语文"花草"生长。在这个大集体里，我第一次静下心来思考：做点什么能助人助己？我只有那些写了十年的文字，那些关于语文的碎片文字。我开始整合、提炼，形成新的文章，把对语文的思考悉数交给了语文湿地，交给那些热爱语文、渴望成长的语文人。我也用这样的方式，向我最热爱的语文课堂作最后的道别。

　　十年间写就的文字，关于语文的内容最后只整理出三十多篇。这也让我开始反思。对于教师，写作是必要的，但如果只是漫无目的地写作，永远达不到一个新的高度。困惑之时，我听到一个词——聚焦！这个词，王君老师经常提到。感谢她提醒了我。我需要在心理课堂中找到一个点，以点带面，深入挖掘，以研究的眼光来设计课堂、记录课堂。于是，我找到了"电影心理"这样一个点。

我由语文教师成功转型为心理教师，离不开任桂华和林美娜两位老师的帮助。她们把我带进心理"大咖"的课堂，让我接受最专业的心理滋养。她们以丰厚的专业素养，影响和带动我成长。我仍记得任老师对我的叮咛："自己成长之后，才能更好地帮助他人。"因此，六年来，我大量涉猎心理课程，从未停下学习的脚步。感谢她们，让我找到认识自己、接纳自己、成就自己的路径，并在"做最好的自己"这条路上越走越远。

在成长的路上，还有这样一群人拉着我一起奔跑，一起放飞自我。她们在我的世界里，陪伴了我十年，从不因我的退缩、逃避而离开。在她们的陪伴中，我慢慢地活成了有爱的模样。河北石家庄的米姐，广西的小雨、月亮、彩虹，河南许昌的雪舞，江苏苏州的二月兰、连云港的阳光，以及远在加拿大的、从未谋面但让我感觉格外亲切的娟子……相识于网络，以文会友，又能在现实的交往中有如此融洽、舒服的关系，这是上天的馈赠。她们能让我笑，能让我哭，能让我卸下所有伪装，做真实的自己。感谢她们，让我开始有力量找回各种关系，不再退缩、不再害怕，勇敢走出来，能够爱，也能够接受爱。

自我的成长带来的是课堂上的成熟。我用生命构建一堂一堂电影心理课，其间不断得到司艳平妹妹的肯定。来自山西晋城的艳平也是从网络中走进我生命里的重要的人。十多年来，我们情同姐妹、同甘共苦，如她所说："我与姐姐，半生相遇，一生陪伴。此生不辜，来生不负。"在我的每一个课例后面，她都留下鼓励与欣赏的话语。比如，对于电影课《佐贺的超级阿嬷》，她说："姐姐现在的每节课都是大手笔。这节心理电影课教我们如何用正确的方式与这个世界相处。我最欣赏的是这节课的思路，既破又立，既有矛盾对立又有辩证统一。只要我们有理性的思路，心态就会越来越平和。"对于电影课《叫我第一名》，她说："姐姐一出手，绝对惊艳！"隔着屏幕，我似乎都能看到她开心的模样。

如今，我又多了一个妹妹——江苏射阳的周忠玉。多年前，我曾到过那里，或许就从她家门口经过。我不曾想到，多年后，我会在这里多一个亲人，她的女儿也几乎成了我的女儿。她在我的文章后面写道："文化课？心理课？

语文课？无论从哪一个角度看，都是人生精品课。晓琳姐的课带给孩子们温暖，带给我们启迪。""这些专业名词，晓琳姐两年前也不懂。我们要学习晓琳姐的探索精神、创新精神和开拓精神。"

感谢艳平和忠玉，见证我的心理电影课的诞生，并不断为我呐喊、助威、鼓劲，让我充满信心、充满斗志地走向最好的"下一课"。同时也感谢语文湿地编辑部、运维组里可爱的人，我们始终相伴、共同成长。更感谢王君"青春语文"工作室的朋友们和刘英丽老师的两位同事，她们因喜爱我的心理电影课，愿意拿出宝贵时间为我写评语。艳平、忠玉的女儿张寒潇、许文惠，则从大学生的视角来解读我的课。感谢为这本书的出版辛勤付出过的编辑们，虽未曾谋面，但她们的严谨让我收获颇多。

重返课堂这些年，成了我人生路上最美的一段时光。其中还有许许多多美好的人儿——我的学生、我的同事、我的朋友、我的亲人。我的学生们和我一起走进光与影、文字与心理交织的课堂，敞开心扉谈论自己的困惑与烦恼；我的领导和同事包容我、爱护我，给了我一个宽松的工作环境，让我如鱼得水、自在遨游；我的铁杆老友杜波在我生病时对我悉心照料，在我遇到困难时毫不犹豫地施以援手；老同学鼎娜、冬梅、孙超的陪伴，让我心生温暖、不再孤单。我感谢他们。

我更想感谢我的家人。这一路走来，我不容易，他们更不容易。弟弟和弟妹担起了照顾母亲的责任，让我能够好好照顾自己；先生担起了家庭的重担，给我提供了物质和精神的双重保障，对我的各种需求都尽力满足、无限宠溺。儿子早已在不知不觉中成长为男子汉，独自到异国他乡求学，每天通过微信电话和我聊天，关心着我的一切。我的每个课例都有他在背后为我出谋划策。

最后，感谢能够向死而生的自己，始终没有辜负大家的爱，勇敢地活着，并且将生命中的馈赠化作努力生活的动力。同时，也感谢这些生命中的馈赠。

愿我爱的和爱我的人，永远幸福安康！

郝晓琳

2024 年 1 月